数字贸易发展与合作报告

Digital Trade: Development and Cooperation

（2022—2023 年）

国务院发展研究中心对外经济研究部

中国信息通信研究院

中国发展出版社
CHINA DEVELOPMENT PRESS

图书在版编目（CIP）数据

数字贸易发展与合作报告 . 2022—2023 年 / 国务院
发展研究中心对外经济研究部，中国信息通信研究院著 .
北京：中国发展出版社，2025. 5. -- ISBN 978-7-5177-
1461-3

Ⅰ . F724.6

中国国家版本馆 CIP 数据核字第 2025XF1651 号

书　　　名：数字贸易发展与合作报告（2022—2023 年）
著作责任者：国务院发展研究中心对外经济研究部　中国信息通信研究院
责 任 编 辑：王　沛
出 版 发 行：中国发展出版社
联 系 地 址：北京经济技术开发区荣华中路 22 号亦城财富中心 1 号楼 8 层（100176）
标 准 书 号：ISBN 978-7-5177-1461-3
经 销 者：各地新华书店
印 刷 者：北京富资园科技发展有限公司
开　　　本：889mm×1194mm　1/16
印　　　张：9.5
字　　　数：136 千字
版　　　次：2025 年 5 月第 1 版
印　　　次：2025 年 5 月第 1 次印刷
定　　　价：78.00 元

联 系 电 话：（010）68990630　68990625
购 书 热 线：（010）68990682　68990686
网 络 订 购：http://zgfzcbs.tmall.com
网 购 电 话：（010）88333349　68990639
本 社 网 址：http://www.develpress.com
电 子 邮 件：330165361@qq.com

序

以数字技术为代表的新一轮信息技术革命和产业变革持续深化，其渗透力强、影响面广、迭代速度快的特点更加凸显，推动了世界经济和全球贸易数字化加速转型。新冠疫情期间，数字贸易表现出强劲的活力和韧性。近期人工智能技术取得重大突破，ChatGPT 的商业化应用、快速推广和持续升级将对贸易主体、贸易对象、贸易方式等发挥深度塑造作用，将给数字贸易带来更多可预期和不可预期的变化。

从历史经验看，重大科技革命和产业变革是决定国际格局演进方向和一国前途命运的关键因素，随着新一轮技术革命深入推进，各国再一次面临重大选择。几乎每一次重大技术突破都是一把"双刃剑"，数字技术尤其如此。数据与传统的劳动力、土地、资金等生产要素相比，具有复用性强、传输效率高、监控难度大等特点，潜在价值无限，与此同时也伴随着较高的信息安全甚至国家安全风险。若把握得好，能够做到趋利避害，及时抓住机遇，就能脱颖而出；反之，畏惧风险、止步不前，则可能落伍掉队。今天在全球范围内，治理赤字、信任赤字、和平赤字、发展赤字高企，国际环境不确定性、不稳定性上升，进一步增加了一国战略决策和国际协调的难度。

面对复杂形势，世界各国都在努力寻找发展与安全的平衡点。OECD 2023 年 2 月份发布的报告指出，各国在努力通过参与国际规则制定、扩大市场准入、推进数字协定谈判等方式提升贸易自由化和便利化的同时，也在加强针对性监管。2022 年施加的贸易约束远高于 2021 年，且多分布在与数字贸易紧密相关的领域，可能由此形成新的贸易壁垒，阻碍疫后经济复苏和发展，世界各国亟须加强沟通、凝聚共识、增进互信、推进合作。

习近平主席在 2021 年亚太经合组织领导人非正式会议上指出，全球数字经济是开放和紧密相连的整体，合作共赢是唯一正道；[①] 在致 2022 年中国国际服务贸易交易会（服贸会）的贺信中表示，中国愿同世界各国一道，坚持真正的多边主义，坚持普惠包容、合作共赢，携手共促开放共享的服务经济，为世界经济复苏发展注入动力；[②] 在向 2023 年服贸会的致辞中进一步强调，世界经济开放则兴，封闭则衰。[③] 这向世界表明了中国开放合作的坚定立场，也为全球数字贸易携手合作、共同发展指明了方向。

中国高度重视数字贸易发展与对外合作，党的二十大报告将数字贸易作为建设贸易强国的一项重要内容。近年来，数字贸易示范区建设积极稳妥推进，在市场准入、行业监管、开放创新、国际合作等方面发挥了重要的探索引领作用。与此同时，中国积极参与世界贸易组织（WTO）电子商务谈判，依托"一带一路"倡议务实推动缩小南北"数字鸿沟"，扎实做好加入《全面与进步跨太平洋伙伴关系协定》（CPTPP）和《数字经济伙伴关系协定》（DEPA）等高水平协定的准备工作，以开放促改革，以合作促发展。

在中国国际服务贸易交易会召开期间，国务院发展研究中心对外经济研究部和中国信息通信研究院联合推出系列研究报告——《数字贸易发展与合作报告》。该报告在汇编 2022 年和 2023 年报告的基础上做了大量更新，是一份帮助读者及时了解国内外数字贸易发展与合作最新进展的权威资料。欣闻此报告将付印出版，相信会惠及更多读者。

国务院发展研究中心党组成员、副主任

2023 年 8 月 30 日

---

① 习近平：《团结合作抗疫　引领经济复苏——在亚太经合组织领导人非正式会议上的讲话》，新华社，2021 年 7 月 16 日。

② 《共促开放共享的服务经济　为世界经济复苏注入动力——习近平主席致 2022 年服贸会贺信彰显合作共赢中国主张》，新华社，2022 年 9 月 1 日。

③ 《习近平向 2023 年中国国际服务贸易交易会全球服务贸易峰会发表视频致辞》，新华社，2023 年 9 月 2 日。

前　言

当前，数字技术渗透力强、影响面广、迭代速度快的特点日益凸显，推动了世界经济和全球贸易数字化加速转型。作为数字技术与国际贸易深度融合的产物，数字贸易正成为全球数字经济开放与合作的重要纽带，有力推动了数字技术创新、数字产业发展和经济社会数字化转型，在促进全球要素资源重组、国际生产网络重塑等方面的作用愈加重要。

新冠疫情期间，数字技术加速融入生产、流通、消费各环节，深入推动贸易对象的数字化和贸易方式的数字化，推动形成新的数字服务消费需求，催生了跨境云计算服务、人工智能服务等新业态、新模式，在促进世界经济稳定方面发挥了重要作用。2019—2022 年，全球跨境数据流动规模增长 120.6%，数字服务贸易规模增长 36.9%，均高于同期的全球服务贸易和货物贸易的增速。

随着新冠疫情阴霾散去，国际经贸交往开始回归正轨，线下经济活动逐步恢复，全球数字贸易增速有所放缓。WTO 数据显示，2022 年全球数字服务贸易规模达 3.82 万亿美元，同比增长 3.9%，占全球服务贸易的 53.7%，增速与占比均有所下降。原因是多方面的，包括新冠疫情刺激作用减弱，全球数字化转型支出增速下降，地缘政治冲突影响深化导致市场不确定性因素增多，旅游大幅恢复等。

虽然 2022 年全球数字贸易增速放缓，但越来越多的国家认识到国际贸易数字化转型、数字贸易持续增长的趋势不会改变，各国仍在多方面继续发力：在促进发展方面，各国继续通过扩大服务业市场准入、加大产业政策支持力度、优化创新发展环境、深化国际互利合作等举措提升数字产业竞争优势。在监管治理方面，各国聚焦个人隐私保护、平台治理、网络安全监管、数据安全保障等方面，完善政策法规、推进监管协调，防范化解新技术新应用带来的风险挑战。

中国将发展数字贸易的重要性提到了新的高度。党的二十大报告将数字贸易与货物贸易、服务贸易作为建设贸易强国的三大支柱。近年来，中国稳步推进数字贸易示范区建设，加快培育数字贸易新业态新模式，积极推动加入 DEPA 和 CPTPP 进程，建设性参与国际经贸规则标准的制定和谈判，为把握数字贸易发展机遇、实现贸易高质量发展，着力创造条件、持续优化环境。中国数字贸易发展保持良好势头，2022 年中国跨境数字服务进出口总值达到 3710.8 亿美元，同比增长 3.2%，增速在规模前十国家中排名第 3。中国数字贸易国际竞争力稳步增强，跨境数字服务净出口规模达 467.5 亿美元，同比增长 55.8%。

作为经济全球化前行的助推器、国际贸易增长的新引擎，数字贸易也成为国际经贸规则制定的重点与焦点。多边层面，WTO 电子商务谈判在电子发票、网络安全和电子交易框架等议题上取得新的共识；多边机制在数字税、人工智能等领域规则制定方面持续发挥作用和影响力。双边和区域层面，各国结合自身政策关注点，灵活选择平台路径，呈现以自由贸易协定（FTA）单独章节和专门数字贸易协议、约束性承诺和非约束性条款、一揽子协议和模块化设计等多种方式推进的规则制定与谈判格局。与此同时，全球范围内数字贸易发展不平衡、机会不平等、规则兼容性不足等问题日益突出，携手构建普惠包容国际规则的迫切性和必要性更加凸显。

世界经济仍在复苏之路上艰难前行，信心、信任比黄金更加重要、更加珍贵。数字贸易虽然在短期内出现波动，但长期向好的趋势没有变；"数字鸿沟"拉大和全球数字治理碎片化的风险进一步上升，但发展优先、开放合作的趋势没有变。各国虽然在国情、发展阶段、面临的现实挑战等方面存在差异，但通过共赢合作克服困难、促进数字贸易和世界经济增长的愿望相一致。世界各国需要顺应全球化、数字化、绿色化发展大势，牢牢把握新一轮科技革命与产业变革机遇，亟待加强沟通、求同存异，共建机制、共商规则、共享机遇。为此，各国需要坚持同舟共济的伙伴精神，以共赢促互信，以互信促合作，以合作促发展，以发展促共赢，不断强化数字贸易政策保障，加强数字贸易平台建设，共同促进数字贸易创新发展，拓展经贸关系、深化互联互通，持续为全球经济增长注入新活力、提供新动能。

目 录

图表目录

学术研讨

地区探索

数字贸易
发展与合作

近三年来，新一代信息技术加速创新应用，国际贸易数字化转型步伐大幅加快，为数字贸易发展注入充沛动能。各国从数字贸易中看到了其在应对危机时的极强韧性、疫后复苏中发挥的引领带动作用、面向未来的巨大发展潜力，将推动数字贸易创新发展和治理体系建设摆在了更加突出的位置，同时更加积极地参与数字贸易国际规则构建，探索适合本国国情的数字贸易发展模式与合作路径。深入研究数字贸易发展理论规律、趋势动态和经济影响，对于融入新一轮全球化分工、开拓数字时代新型国际合作关系至关重要。

一、全球数字贸易发展新态势

（一）数字贸易的内涵、特征与分类

数字贸易是以数字技术赋能、以数据流动为关键牵引、以现代信息网络为重要载体、以数字平台为有力支撑的国际贸易新形态，是贸易模式的一种革命性变化，其内涵在不断发展和丰富。

数字贸易兴起和发展标志着新一轮全球化的到来，国际贸易活动从物理空间延伸至数字空间，推动了线上线下、生产消费、货物服务、内贸外贸的相互融合。国际贸易各领域正面临深刻变革，以往耗时、费力、成本高昂的市场调研、海外营销、交易撮合、物流仓储等环节正因为数字技术的应用而得到改善和优化；以往主要是大额的商品贸易，现在则出现了跨境电商的小额商品贸易，以及可数字化交付的服务贸易；以往的贸易规则主要聚焦于与线下贸易相关的关税和非关税壁垒，现在则更多地开始讨论线上线下交汇、纯线上等领域的规则，如数字贸易便利化、数据跨境流动、可互操作性、数字市场开放等（见表 1-1）。

表 1-1　三轮全球化比较

发展阶段		第一轮 传统贸易	第二轮 价值链贸易	第三轮 数字贸易
方式		实地考察、面对面沟通、实物运输、海关监管		贸易全流程数字化、部分服务可以数字交付
对象	货物	最终品	中间品	小额商品、部分商品转变为数字服务形态
	服务	以运输服务、旅游服务为主	其他类型服务贸易、离岸服务外包兴起	部分传统服务转变为数字服务形态、新兴数字服务快速发展
	数据	较少		数字贸易出现和发展、跨境数据流动对经济影响增大
规则		市场准入	贸易便利化、国内规则、边境后非关税措施（NTMs）	数据流动、数字链接、可互操作性

资料来源：课题组整理。

数字贸易最突出的变化体现在贸易方式数字化和贸易对象数字化。贸易方式数字化是指贸易全流程、全产业链的数字化转型，通过数字技术手段实现贸易成本更低、效率更高、主体更多元。其涉及内容包括与贸易相关的数字营销、平台撮合、数字供应链、数字交付、智慧海关、数字支付等。贸易对象数字化是指以数据形式存在的要素和服务成为贸易中的重要交易对象，拓展了国际分工的深度和广度，大体分为三类。

①信息与通信技术（ICT）服务贸易，包括电信服务、计算机服务、信息服务、软件复制和（或）分发的许可证等；

②ICT赋能的其他服务贸易，即传统服务通过嵌入不同的数字化载体，实现交付内容的数字化，如数字教育、数字医疗、工业互联网等的数字化服务贸易；

③具有商业价值但尚未货币化的数据跨境流动，如国外免费的社交媒体、搜索引擎服务，以及可以用于其他业务开拓的平台用户数据等。

基于数字贸易的内涵特征，本报告归纳了9种类型的数字贸易。其中，贸易方式数字化主要体现在数字订购、数字交付和数字技术在其他贸易环节的具体应用，对应的主要业态为跨境电子商务。贸易对象的数字化主要体现在通过数字交付的服务和数据，对应的主要业态为 ICT 服务、金融服务等可以通过数字化手段进行交付的数字服务贸易（见表 1–2）。

表 1-2　数字贸易的分类

分类	标的	贸易方式数字化			跨境	举例
		订购	交付	其他 *		
1	货物	●		●	●	通过跨境电商平台购买国外商品
2				●	●	借助在线支付、在线展会、智慧物流等手段开展的货物贸易
3	服务	●		●	●	通过网络预订国外景点门票和租车服务
4			●	●	●	通过线下购买国外保险服务
5		●	●	●	●	通过线上购买国外流媒体服务
6		●	●	●	●	通过线上向跨国企业在本国的子公司购买软件
7			●	●		通过线下向跨国企业在本国的子公司购买软件
8				●	●	通过线下购买运输服务，但服务体验因数字技术应用而变得更好
9	数据		●	●	●	非货币数据跨境流动或访问，如搜索引擎、社交媒体等免费的跨境数字服务，如促成贸易或间接创造价值的其他数据流动

注：其他 * 包括与贸易相关的在线展会、在线支付、数字物流、智慧海关、市场大数据分析等。
资料来源：课题组整理。

本报告分类有以下特点：一是囊括了借助除数字订购、数字交付以外其他数字化手段开展的贸易，如在线展会、在线支付、智慧海关等，虽然短期内难以在统计中体现，但可以确保长期研究中对数字贸易有更综合全面的考量。二是把通过商业存在模式开展的数字交付的服务贸易纳入数字贸易，即不需要跨境，以强调数字跨国企业海外子公司在全球数字经贸活动中仍扮演着至关重要的角色。

（二）全球数字贸易表现出较强韧性

1. 跨境数字服务贸易继续保持增长

全球数字服务贸易规模小幅增长。[①]2022 年，全球数字服务贸易规模为 3.82 万亿美元，同比增长 3.9%，增速较上年下降 11.3 个百分点，在服务贸易中的占比由 2021 年的 59.3% 降至 53.7%（见图 1-1）。[②] 数字服务贸易增速、占比同时下降，主要有三方面原因，一是新冠疫情对数字化转型刺激作用减弱，据互联网数据中心（IDC）预测，2022 年全球数字化转型支出约 1.85 万亿美元，同比增长 16.4%，增速较上年下降 5.0 个百分点；二是地缘政治冲突加大全球供应链、产业链风险，全球货物贸易增速大减，部分与之相关的数字服务贸易受到不利影响；三是多个主要经济体货币贬值，如欧元、英镑、日元、人民币等平均贬值约 10%，使得以美元计价的贸易数据相对下降。

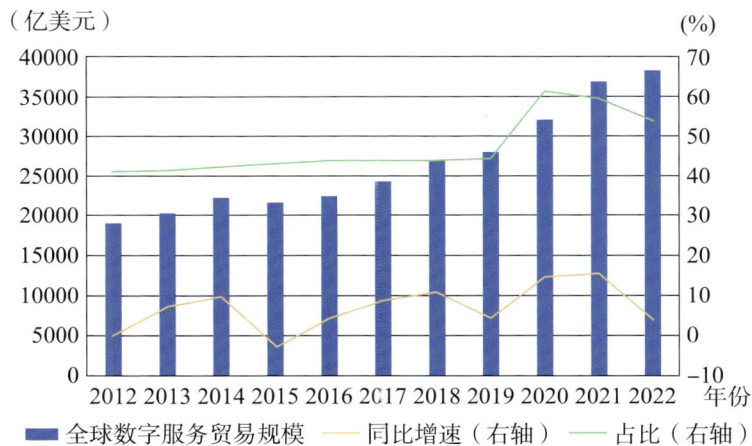

图 1-1　2012—2022 年全球数字服务贸易规模、同比增速和占比
资料来源：世界贸易组织（WTO）。

---

① 本报告中，如无专门强调，数字服务贸易均指跨境数字服务贸易，即数字交付服务贸易。

② 2023 年报告中全球和分区域数字服务贸易数据来自 WTO 测算的"数字交付服务贸易"数据，往年报告中的数字服务贸易数据来自联合国贸易和发展会议（UNCTAD）提供的"可数字交付服务贸易"数据。两者存在一定差异，从指标内涵看，前者是实际通过数字化交付的服务，后者包含一部分可数字化交付但尚未数字化交付的服务；从具体数值看，前者数值略小于后者，但呈现出的增长趋势信息基本一致。

　　新冠疫情期间，数字服务贸易展现出强大韧性和潜力。2019—2022 年，全球数字服务贸易增长了 36.9%，高于服务贸易的 12.9% 和货物贸易的 31.0%（见图 1-2），全球贸易的数字化进程大大加快。数字服务贸易在三年新冠疫情期间的表现可以概括为"韧性—增长—调整"。第一年，全球货物和服务贸易双双大幅下滑，但是数字服务贸易实现了两位数增长。第二年，推动经济社会数字化转型已成为国际社会广泛共识，数字服务贸易延续了高增长势头。第三年，新冠疫情逐渐消退，受到多维度宏观经济直接影响，数字服务贸易增速出现暂时性回调。

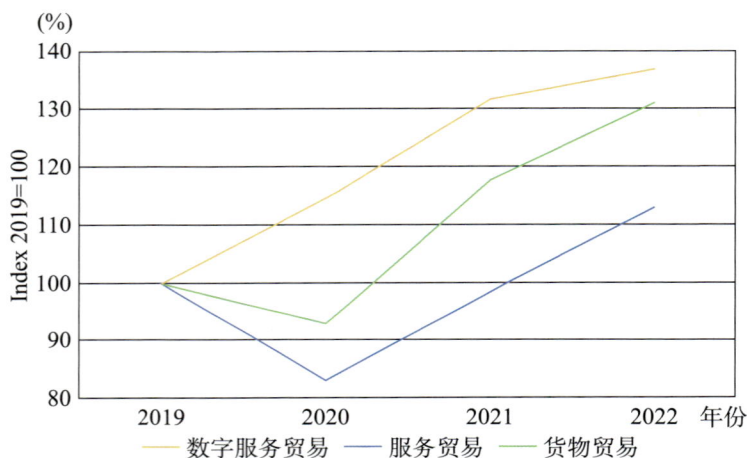

图 1-2　2019—2022 年全球数字服务贸易、服务贸易和货物贸易增长趋势
资料来源：世界贸易组织（WTO）。

　　ICT 服务继续领跑细分数字服务贸易[①]增长。2022 年，6 类细分数字服务贸易中，增长较快的是 ICT 服务、其他商业服务、个人文娱服务，分别同比增长 6.1%、6.0% 和 5.9%；增长较慢甚至出现负增长的是保险服务、知识产权使用费、金融服务，分别同比增长 2.5%、–2.6% 和 –3.3%（见图 1-3）。其中，金融保险服务贸易，主要是相关行业受到"通胀—加息—债务危机"等一系列因素影响，导致业务收入增速放缓和支出增加。

[①]　数字服务贸易涉及 6 类服务贸易：保险和养老金服务（保险服务），金融服务，知识产权使用费，电信、计算机和信息服务（ICT 服务），其他商业服务，个人、文化和娱乐服务（个人文娱服务）。

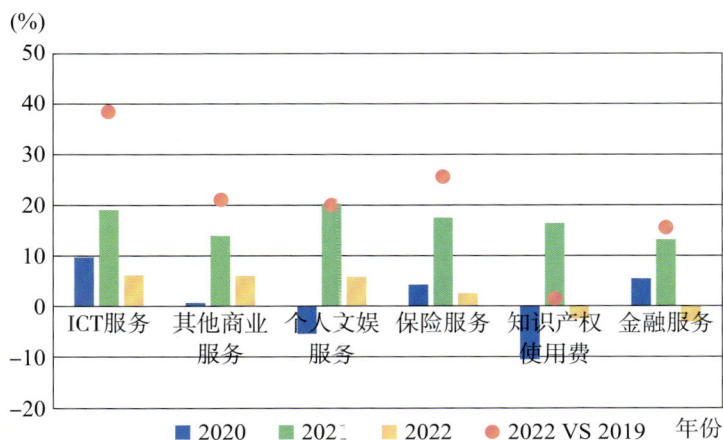

图 1-3　2020—2022 年分领域数字服务贸易发展

注：2022 VS 2019 指 2022 年较 2019 年的增长幅度。
资料来源：世界贸易组织（WTO）。

区域数字服务贸易增长出现分化。数字服务出口增长较快的地区有拉美和加勒比地区、中东、亚洲、非洲，分别同比增长 22.0%、15.3%、10.0% 和 8.0%；增长较慢的地区主要是北美和欧洲，分别同比增长 4.9% 和 -0.3%。欧洲在全球数字服务出口中所占比重较大，但是受地缘政治冲突等因素影响，成为唯一一个出现负增长的地区，拖累了全球数字服务贸易增长。2020—2022 年，中东、亚洲、拉丁美洲和加勒比地区等发展中国家较为集中的区域，数字服务出口分别增长了 62.5%、53.2% 和 48.1%，快于集中了较多最不发达国家的非洲（36.5%），以及经济较为发达的北美（31.0%）和欧洲（30.8%）（见图 1-4），数字化发展潜力得到更充分释放。

数字服务贸易领先经济体中，亚太地区国家增速较快。[①]2022 年，全球数字服务贸易排名前 10 位的经济体构成与上年一致，仍然由 8 个发达经济体和 2 个发展中经济体构成。其中，印度、美国、中国增长最快，分别同比增长 22.6%、5.9%、3.2%，日本、德国、英国、法国出现了负增长。三年新冠疫情期间，大部分领先国家的数字服

---

① 分经济体数据仍然采用 UNCTAD 口径计算，主要是考虑到 WTO 暂未提供数字服务进口数据，以及两者数值差异不大。

务贸易均实现了较大幅度的增长，增长最快的三个国家分别是印度、中国和新加坡三个亚洲国家，分别增长了 51.7%、36.5% 和 33.2%（见图 1-5）。

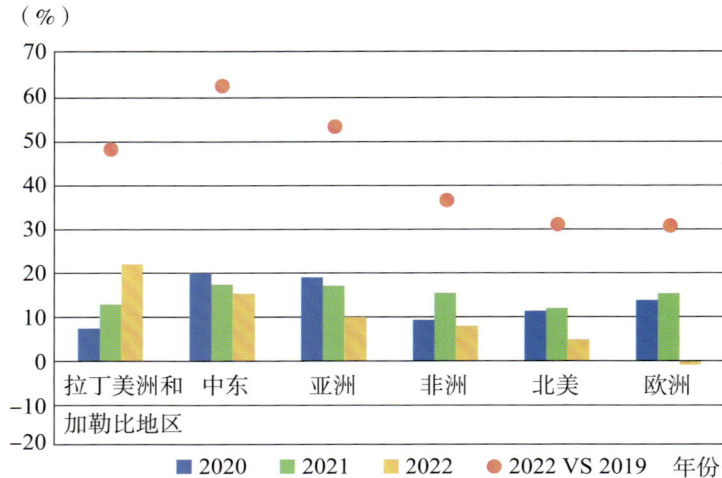

图 1-4 2020—2022 年分区域数字服务贸易发展

注：2022 VS 2019 指 2022 年较 2019 年的增长幅度。
资料来源：世界贸易组织（WTO）。

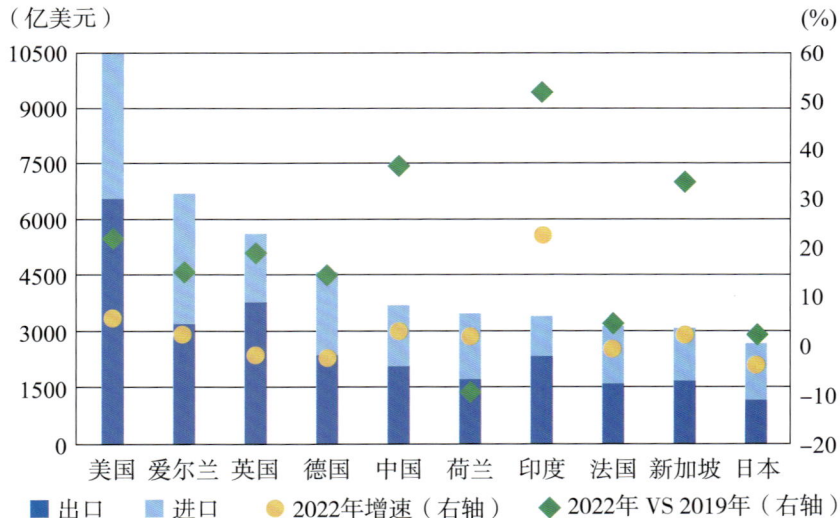

图 1-5 2022 年全球数字服务贸易进出口总值排名前 10 位的经济体

注：2022 年 VS 2019 年指 2022 年较 2019 年的增长幅度。
资料来源：课题组基于 WTO 数据计算。

2. 附属机构数字服务贸易持续调整

数字跨国企业的国际业务拓展，一方面是通过跨境服务出口的方式实现，另一方面则是依托在海外设立的商业存在提供，即附属机构数字服务贸易。[①] 在分析完跨境数字服务贸易后，进一步分析附属机构数字服务贸易数据，能够更加全面地反映全球数字服务的贸易状况。当前，附属机构在数字服务贸易统计上仍存在较大障碍，仅 30 个左右国家公布了数据，且存在明显滞后。因此，2023 年报告对附属机构数字服务贸易的分析主要通过最新的数字跨国企业国际业务数据、数字领域对外投资数据进行分析。[②]

数字跨国企业国际业务低速增长。本报告从非金融类百强跨国企业中筛选出分属 5 大领域的 16 家数字跨国企业[③]，并对它们的财报进行了分析。分析结果显示，2022 年，代表性数字跨国企业国际化扩张步伐有所减慢，国外销售收入增长 4.1%，增速较 2021 年下降约 5 个百分点；国外资产和国外雇员分别减少 2.8% 和 5.8%（见图 1-6）。事实上，随着新冠疫情结束，全球数字产业高速发展已告一段落，开始进入调整时期。2022 年，科技巨头普遍面临营收增速放缓和股价下跌的态势，开始通过裁员、降薪等方式减少支出，不论是国内业务还是国际业务都受到不同程度的影响。

---

① 附属机构数字服务贸易主要是指通过商业存在模式开展的服务贸易，包括内向附属机构数字服务贸易和外向附属机构数字服务贸易。内向附属机构数字服务贸易企业指的是在国内设立的外商控股 50% 以上的服务业企业和建筑服务企业。外向附属机构数字服务贸易企业指的是在境外设立的由本国企业控股 50% 以上的服务业企业和建筑服务企业。

② 数字跨国企业是数字服务提供的主体，其国外销售收入、国外资产和国外雇员的增速及占比可以反映当前数字企业通过附属机构开展国际业务的情况，特别是后两个指标。数字领域对外投资是开设海外附属机构的前提条件，可以反映数字企业通过附属机构开展国际业务的意愿，进而判断未来前景。

③ 代表性数字跨国企业包括：三星、苹果、联想、字母表（Alphabet）、国际商业机器公司（IBM）、微软、思爱普（SAP）、亚马逊、鸿海科技集团（Foxconn）、英特尔、康卡斯特（CMCSA）、德国电信、日本电报电话（NTT）、法国电信（Orange）、西班牙电信、沃达丰。涉及领域包括：通信和计算机设备、计算机服务、电子商务、电子元器件、电信。

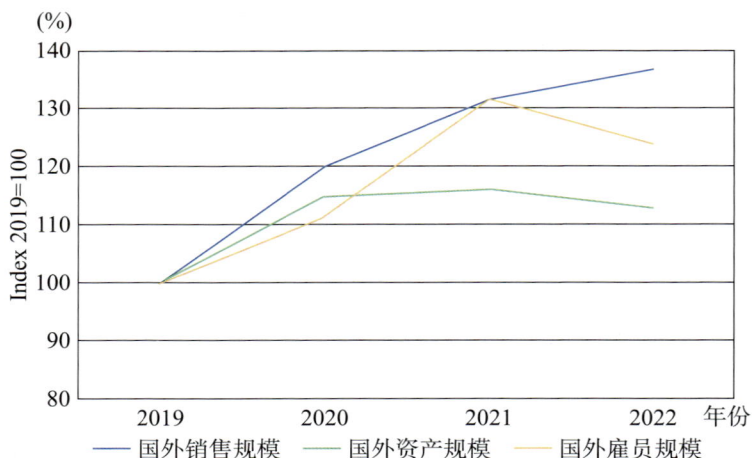

图 1-6　2019—2022 年代表性数字跨国企业国际业务相关指标

资料来源：课题组整理。

数字跨国企业"海外资产轻量化"趋势仍在延续，产品和服务的对外输出变得更依赖跨境贸易。2022 年，代表性数字跨国企业的国外销售比重提高 0.7 个百分点，但是国外资产、国外雇员比重分别下降 1.8、2.8 个百分点（见图 1-7）。数字跨国企业国外销售比重增幅高于国外资产和国外雇员，说明其开展国际业务时对海外设施和人员的需求相对减少。这一趋势与前两年保持一致，在新冠疫情缓解后也没有出现反转，意味着"海外资产轻量化"已成大势所趋。

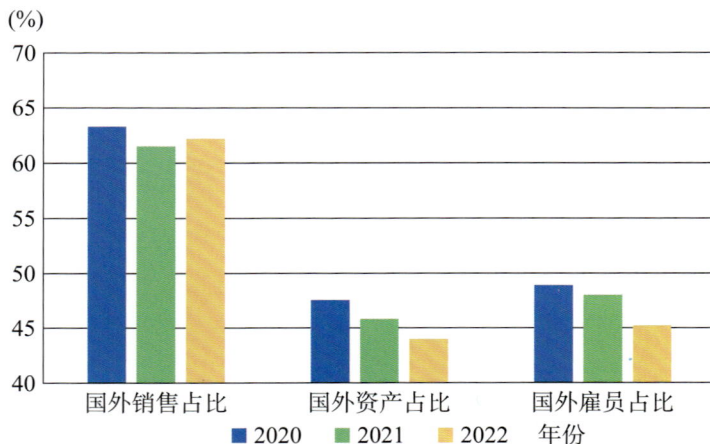

图 1-7　2020—2022 年代表性数字跨国企业国际业务占比相关指标

资料来源：课题组整理。

数字领域投资仍保持较快增长。在绿地投资方面,作为最具代表性的数字服务部门,2022 年信息通信业宣布的绿地投资金额在服务业中排名第 2,仅次于能源和天然气供应业,达到 1204.4 亿美元,同比增长 13.6%,与上年相比下降 8.1 个百分点(见图 1-8)。UNCTAD 报告显示,新冠疫情引发的电子商务企业绿地投资活动热潮依然明显,但增速有所放缓,项目数量下降了 20%;同时,互联网平台的绿地投资也很活跃,翻了一番,达到 63 亿美元,其中大部分由最大的平台 Alphabet 和 Meta 占据。

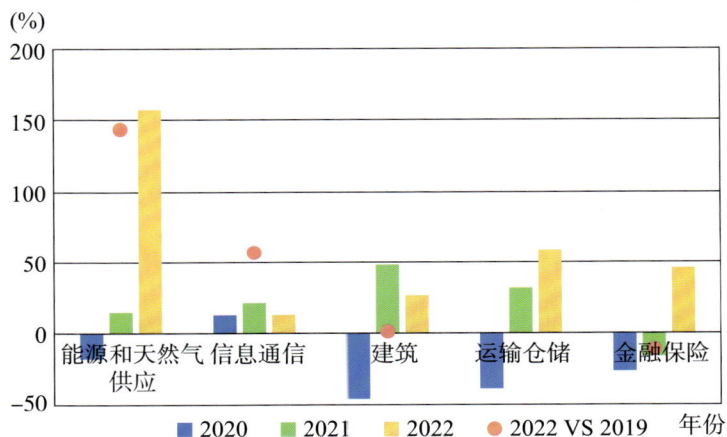

图 1-8 2020—2022 年主要服务部门绿地投资增长情况

注:2022 VS 2019 指 2022 年较 2019 年的增长。
资料来源:UNCTAD。

在跨境并购方面,2022 年信息通信业的跨境并购销售额在服务业中排名第 1,达到 1657.8 亿美元,同比增长 22.7%,与上年相比下降 45.3 个百分点(见图 1-9)。UNCTAD 报告显示,以国家安全为由的外商直接投资(FDI)审查呈现扩大化趋势,仅 2022 年就有 16 个国家采取了 24 项与 FDI 审查相关政策措施,大部分侧重于扩大审查范围和要求,同时因为监管或政治问题而撤回的超过 5000 万美元并购交易增加约 1/3(共 21 笔)。FDI 审查的目的是防范外国投资者购买战略性行业企业的股份和获取最新技术,通信、半导体等行业是审查的重点,导致数字领域并购交易的增速放缓。

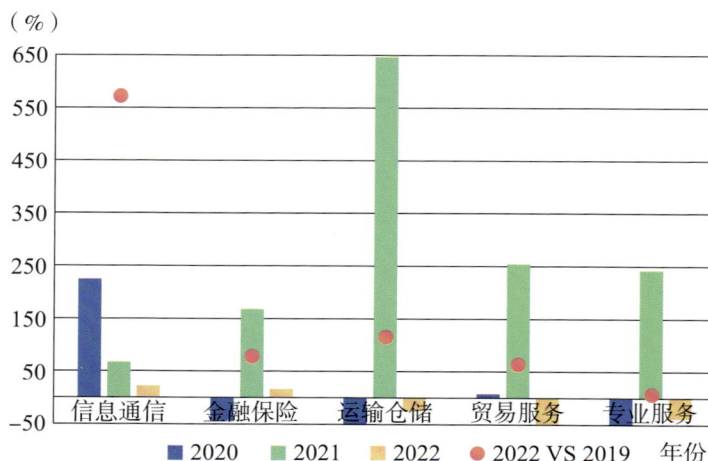

图 1-9　2020—2022 年主要服务部门跨境并购增长情况

注：2022 VS 2019 指 2022 年较 2019 年的增长。
资料来源：UNCTAD。

3. 跨境电商进入相对缓慢增长阶段

数字贸易包括通过数字订购方式开展的货物贸易，主要体现在跨境电商上。国际上围绕跨境电商的统计制度设计和实施尚不完善，缺乏全球层面跨境电商发展的数据支持，因此本书利用研究机构对全球及各国的 B2C（企业对消费者）电子商务测算数据进行了分析。

全球电子商务交易额小幅下降。据 Statista 估计，2022 年全球 B2C 电子商务交易额为 3.51 万亿美元，同比下降 0.3%（见图 1-10）。这是正反两方面因素共同决定的结果，积极因素主要有线上化转型发展、消费者支出增长、配套服务改善和新冠疫情推动，分别带来 7.5%、0.5%、5.5% 和 3.4% 的增长；消极因素主要有通货膨胀、消费者信心减退、供应链风险、衰退导致的失业，分别导致 5.8%、4.9%、5.9% 和 0.3% 的下降。

领先经济体电子商务交易额增速放缓，部分出现负增长。从规模看，中国、美国的 B2C 电子商务交易额依然处于领先地位，在全球中的占比分别达到 37.2%、24.4%，日本、英国、德国、韩国、法国等发达经济体紧随其后。从增速看，2022 年 B2C 电子商务交易额排名前 10 的经济体中，美国、印度、中国保持正增长，其余 7 个经济体出现负增长，如韩国、德国、法国、英国等下降幅度均超过 10%（见图 1-11）。

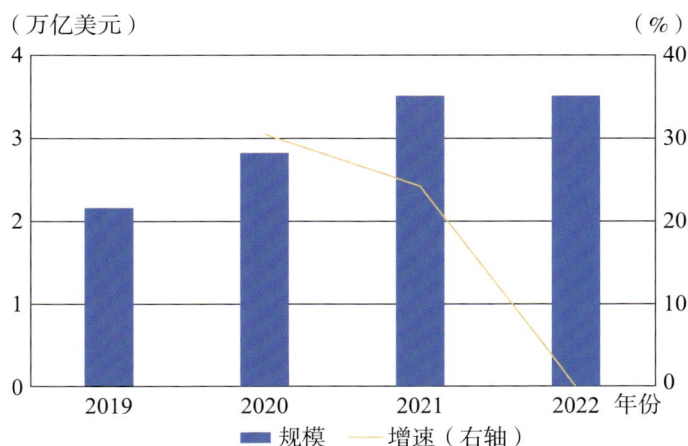

图 1-10　2019—2022 年全球 B2C 电子商务交易额

资料来源：Statista。

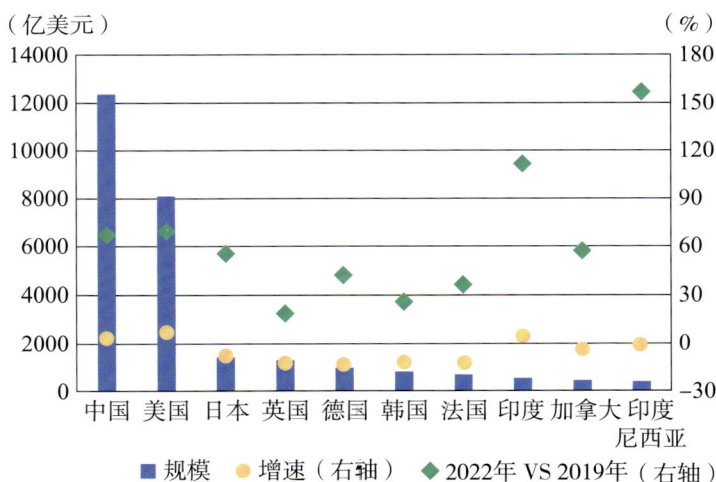

图 1-11　2022 年分国别 B2C 电子商务交易额

注：2022 年 VS 2019 年指 2022 年较 2019 年的增长。
资料来源：Statista。

（三）全球数字贸易发展基础和支撑更加坚实

数字贸易发展的基础日益稳固，技术能力、市场主体、需求环境、协同融合等方面不断发展优化。

1. 全球数字领域技术创新活跃，推动数字贸易创新发展

技术发展给人类生活与产业发展不断带来新动力，从 20 世纪初的内燃机、运输和相关机械技术，到 20 世纪 30 年代的医药技术、20 世纪 90 年代的信息通信技术，再到 21 世纪的数字技术。[①] 数字技术应用于经济社会各个领域，激发了更广泛、集成的创新。特别是在新冠疫情期间，由于人员流动限制，人们更依赖于数字技术和服务，并推动其持续升级创新。WIPO 数据显示，2015—2020 年，数字技术相关专利增长 172%，其中人工智能专利增长 718%、大数据技术专利增长 699%、自主系统专利增长 109%、云计算技术专利增长 122%（见图 1-12）。

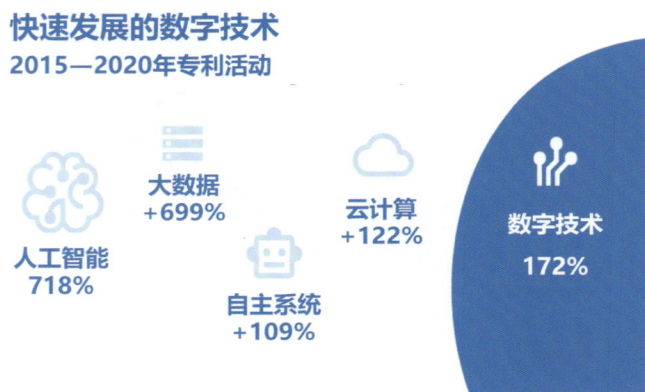

图 1-12　2015—2020 年全球数字技术创新情况

资料来源：世界知识产权组织（WIPO）。

近年来，元宇宙相关概念成为科技领域热点话题，相关技术发展与创新有可能催生更多的数字贸易机会。元宇宙主要是指一个集体的虚拟开放空间，以持久和沉浸的方式将物理世界和数字世界结合在一起，可能成为下一代的互联网。元宇宙将提供持续的、分散的、协作的和可互操作的机会和商业模式，从而找到新的增强现实方式来开展所有经济活动，包括游戏、广告、社交媒体、电子商务、教育培训、医疗保健、

---

① WIPO。

生产制造等，从而形成一个庞大的生态系统。[①] 在这一生态中，人与人之间的互动将更多以"数字服务"的形式存在，相关的交易乃至贸易的可能性进一步提升，从而导致更深度的数字贸易往来。虽然当前元宇宙发展仍处于早期阶段，相关技术尚不成熟，存在较大的不确定性，但是未来发展趋势和经济影响值得高度关注。

2. 数字跨国企业数量和营收快速增长，数字贸易主体更加丰富

领先数字跨国企业市值排名、营业收入大幅提升。全球百强数字跨国企业快速增长，2016—2021 年企业销售收入增长了 158%（见图 1-13），年均增速达 21%；净收入年均增长 23%，其中 2020—2021 年增长了 60%。全球百强数字跨国企业变化非常频繁，过去 5 年，多达 39 家新的企业进入榜单，取代了其他排名领先或被收购的企业。对于发展中国家而言，数字跨国企业的发展壮大是挑战也是机遇。一方面，数字跨国企业带来的实物资产和就业机会可能少于传统跨国企业，给发展中国家带来的直接经济社会收益较少；另一方面，数字跨国企业促进了当地企业发展数字基础设施和电子商务，将加快发展中国家数字经济的发展。[②]

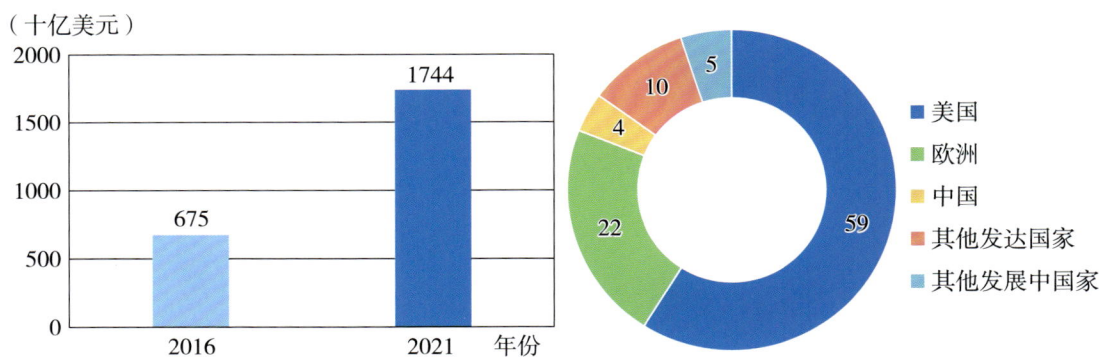

图 1-13　百强数字跨国企业销售收入和母公司所在地

资料来源：UNCTAD。

---

① 高德纳咨询公司（Gartner）。

② UNCTAD。

数字领域独角兽企业数量大幅增长。统计数据显示[1]，2021年新增数字领域独角兽企业数量达424家，占当年新增独角兽企业的80.0%，超过2021年之前数字领域独角兽企业存量总和。分行业看，金融科技、互联网软件服务和电子商务领域新增独角兽企业数量领先，分别达到139家、119家、47家。分国别看，美国、印度、中国新增独角兽企业的数量领先，分别达到250家、29家、27家（见图1-14）。

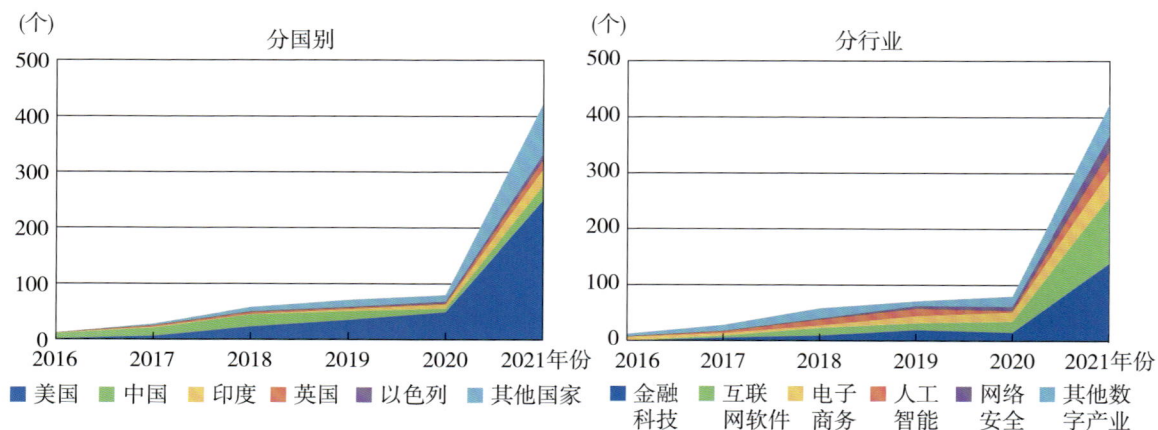

图1-14　2016—2021年分国别和分行业数字领域独角兽企业数量

资料来源：课题组基于CB-Insights数据计算。

2021年全球数字领域独角兽企业出现爆发式增长主要有两方面因素。一是全球资本市场的驱动。2021年是美股IPO（首次公开募股）在过去21年里最活跃的一年，IPO数量和融资规模分别为1033家和2860亿美元，均创下历史纪录，带动了独角兽企业的估值增长和投资热情。二是新冠疫情倒逼数字化转型加速。特别是金融科技、电子商务、在线服务、线上办公、外卖送餐等各类企业得到快速发展，并吸引了巨额投资。

3. 全球经济数字化转型需求旺盛，拓展数字贸易发展新需求

IDC数据显示，2021年全球数字化转型支出达到1.5万亿美元，同比增长14.5%。2025年，随着越来越多企业开始在人员、流程、技术、数据和治理方面推行整体数

---

① CB-Insights数据。

字化战略，全球数字化转型支出将进一步上升至 2.8 万亿美元[①]（见图 1-15）。面对数字化发展浪潮，64% 的企业认为需要建立新的数字商业模式，21% 的企业认为需要利用数字技术赋能其传统商业活动。

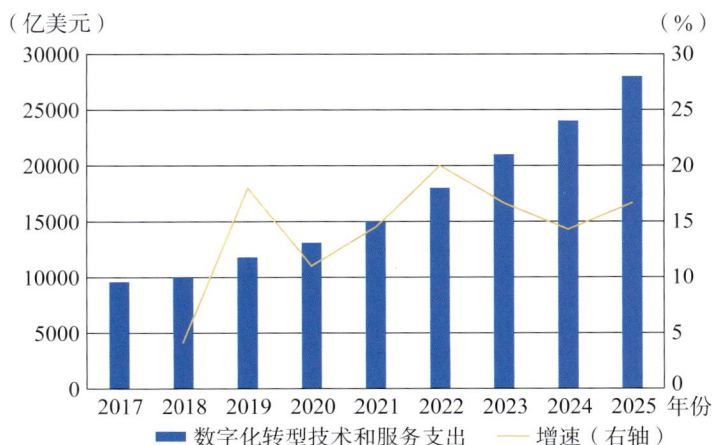

图 1-15　2017—2025 年数字化转型技术和服务支出的规模和增速

资料来源：课题组基于 IDC 数据整理。

4. 联合国气候变化合作取得新突破，数字化与绿色化协同与合作有望深化

2021 年 11 月，联合国第 26 届气候变化大会（COP26 峰会）在英国落幕，近 200 个国家达成了《格拉斯哥气候公约》，保留了将全球变暖维持在 1.5 摄氏度以内的共同目标。《格拉斯哥气候公约》强调了科技对于有效的气候行动和决策的重要性。其中，数字技术已被确定为解决气候变化和实现可持续发展之间问题的关键。世界经济论坛（WEF）文章指出，通过为能源、制造业、农业和土地使用、建筑、服务、运输和交通管理等领域提供数字化解决方案，数字技术可以帮助减少全球 15% 的碳排放。[②] 根据联合国气候技术中心和网络（CTCN）统计，截至 2021 年 8 月 30 日，已收到 106 个发展中国家缔约方的 321 项技术援助请求，其中最多的是关于决策或信息工具的请求（25%）。[③]

---

① 　IDC。

② 　世界经济论坛。

③ 　联合国气候变化框架公约秘书处。

绿色化也促进了数字化的更高质量发展。一是带动了与绿色化相关的数字技术和产业发展，如数字追踪、数字模拟和预测、数字替代解决方案（如在线会议、电子书）、数字平台等。二是推动数字化发展更加节能环保，如各国纷纷加快绿色数字中心建设，中国已创建三批共 153 家国家绿色数据中心，欧盟大力发展绿色云计算和电子通信服务与网络，美国环保署提出"能源之星"数据中心计划。

（四）数字贸易包容性发展仍面临较大挑战

包容性对于数字贸易的发展与合作至关重要，有助于让更多的国家充分参与数字贸易并从中获益，有助于在多边框架下尽早形成各方都能接受的数字贸易国际规则。虽然国际社会已经普遍认识到促进数字贸易包容性发展的重要性，并积极采取行动，但是数字贸易发展不平衡问题依然突出，特别是新冠疫情制约了最不发达国家的数字贸易发展，需要持续关注、研究、分析数字贸易发展不平衡问题，找出行之有效的办法和应对措施。

1. 全球数字贸易发展存在较大不均衡性

数字技术产业是技术、资本密集型产业，具有规模经济效应和网络经济效应。一方面，数字技术产业随着规模扩张变得更有效率；另一方面，不论是国内市场还是国际市场都可能出现"强者恒强"局面，加剧发展不平衡问题凸显。

从数字服务贸易角度看，发展中经济体参与程度普遍较低，少数发达经济体占据了大多数市场。以跨境数字服务贸易为例，全球数字服务贸易相比服务贸易和货物贸易更加集中于少数发达经济体。2021 年数字服务贸易最多的 18 个经济体的累计国际市场占有率已经超过 80%，相当于服务贸易最多的 23 个经济体和货物贸易最多的 27 个经济体所能达到的水平。发达经济体完成了绝大部分的数字服务贸易，其数字服务贸易在全球占比达到了 77.8%，高于服务贸易和货物贸易（见图 1-16）。如果是附属机构数字服务贸易，发展不均衡问题则可能更加严重，发达经济体数字跨国企业的数量、规模均远远高于发展中经济体。

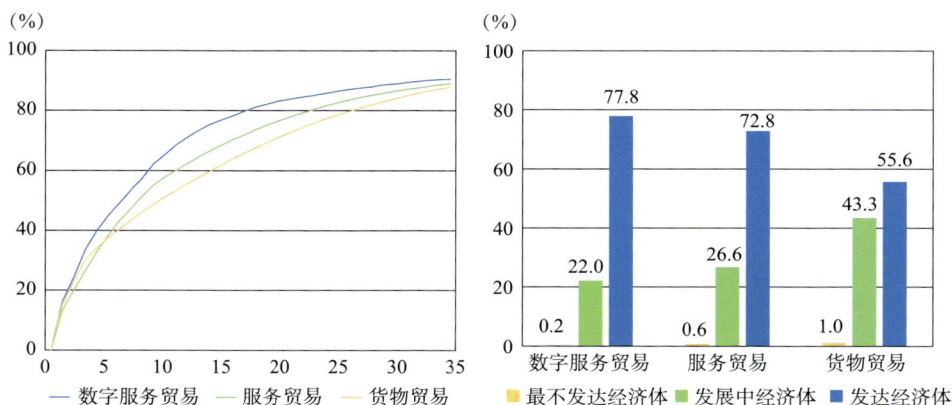

图 1-16　2021 年分经济体数字服务贸易规模占比

资料来源：课题组根据 UNCTAD 口径和数据计算。

从跨境电商角度看，不同经济体间的发展水平差距较大。UNCTAD 发布的 B2C 电子商务指数[①] 显示（见图 1-17），2020 年，发达经济体得分达到 86，远高于其他以发展中经济体为主的地区，如非洲（30）、拉丁美洲和加勒比地区（49）。进一步拓展至与电子商务相关的其他领域，如互联网银行使用、从网络获取商品和服务信息、通过网络进行购买或销售等，发达经济体居民使用的比例也普遍相当于转型经济体、发展中经济体的 2~6 倍。

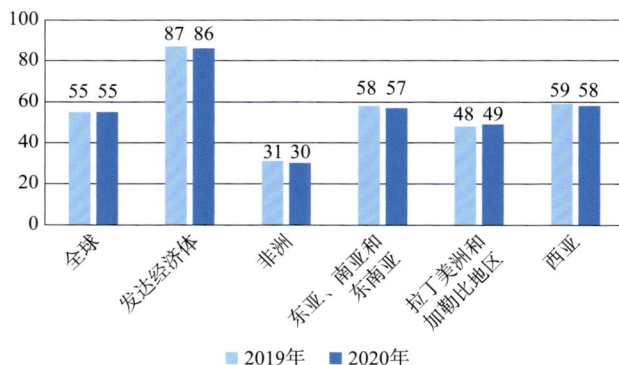

图 1-17　2019 年和 2020 年区域 B2C 电子商务指数

资料来源：UNCTAD。

---

① 该指数主要考察互联网使用、银行账户使用、安全的互联网服务器、UPU（万国邮政联盟）可靠性等方面。

2. 数字鸿沟制约发展中经济体抢抓数字贸易发展机遇

由于受数字基础设施建设不完善、网络接入价格过高等因素影响，一些发展中经济体的数字贸易发展缓慢，无法借助数字贸易应对新冠疫情带来的不利影响。随着数字贸易变得越来越重要，这些国家还有可能面临经济发展差距进一步扩大的风险。此外，城乡之间、性别之间、企业之间也同样存在数字鸿沟，制约不同群体平等获得参与数字贸易的机会。

一是国家间的数字鸿沟问题，发展中经济体的网络接入和使用水平普遍较低。根据国际电信联盟（ITU）发布的 2021 年电信数据显示，发展中国家和最不发达国家的3G 网络覆盖率已达到较高水平，但其余多项电信指标与世界平均水平仍有较大差距，发展中国家和最不发达国家的 4G 人口覆盖率分别低于世界平均水平 2.2 个和 34.6 个百分点，固定宽带普及率分别低于世界平均水平 3.7 个和 15.3 个百分点，互联网渗透率分别低于世界平均水平 6 个和 36 个百分点（见图 1-18）。国家间数字鸿沟源于发展中国家与发达国家在多个领域存在巨大差距，如发展中国家往往存在数字基础设施建设滞后、数字化发展资金投入不足、数字技能相关培训和教育欠缺、数字领域相关政策法规不完善等问题。

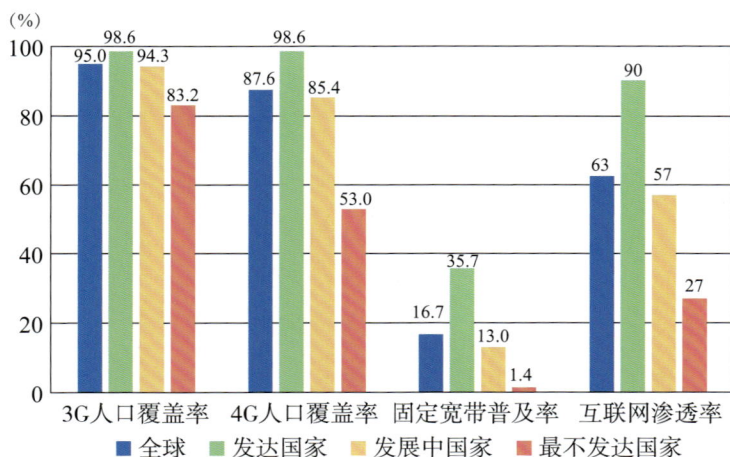

图 1-18　2021 年分经济体网络接入和使用状况

资料来源：ITU。

　　二是城乡间的数字鸿沟问题，农村地区数字基础设施建设明显滞后。从全球总体看，农村地区互联网普及率约是城市地区的一半，仅达到 38.8%。分经济体看，发展中国家的城乡数字鸿沟问题较发达国家更为突出，发展中国家城市和农村地区的互联网普及率分别为 71.7% 和 33.8%。最不发达国家的农村地区互联网普及率仅为 12.9%，不足其城市地区的 1/3（见图 1-19）。城乡间的数字鸿沟主要是因为农村人口密度较小、市场空间较为有限，导致在农村地区部署数字基础设施的边际成本和风险都较高。

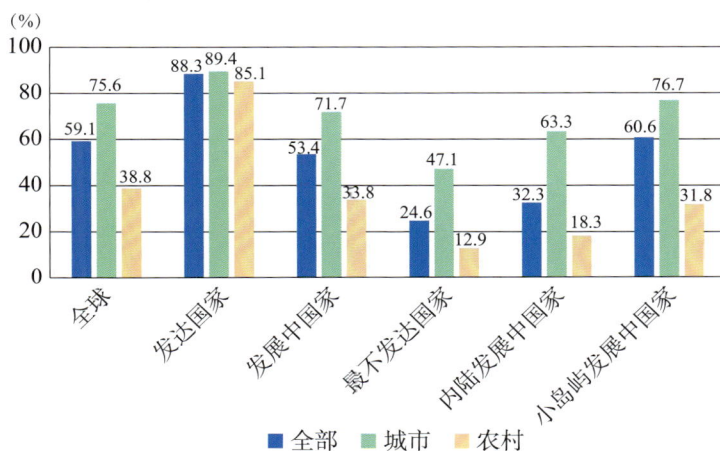

图 1-19　2020 年分经济体城乡地区互联网普及率

资料来源：ITU。

　　三是不同类型企业间的数字鸿沟问题，中小微企业数字转型面临诸多困难。随着数字技术的发展和应用，许多大型企业积极增加信息化投入，推动企业生产经营数字化转型，从而实现降本增效和市场竞争力的提升，甚至进一步拓展国际市场。与大型企业相比，中小微企业"不会转""不能转""不敢转"的困境较为突出。2021 年，我国 79% 的中小企业处于数字化转型的初级探索阶段，而超过半数的大型企业已进入应用践行阶段和深度应用阶段[①]（见图 1-20）。中小企业数字化转型面临的主要挑战包括数字化转型的资金匮乏、技术门槛过高和数字化人才短缺等。

---

① 　中国电子技术标准化研究院。

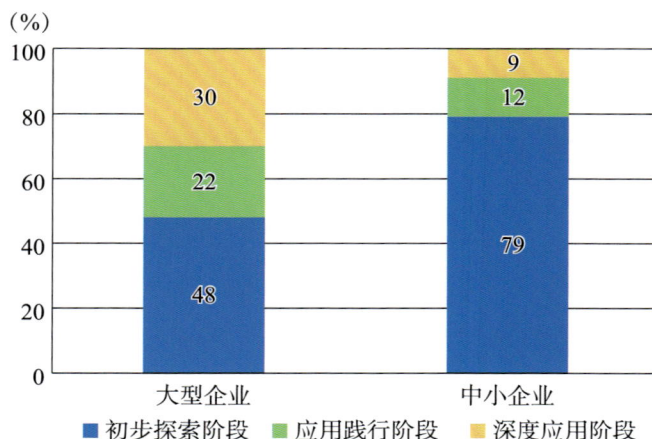

图 1-20　2021 年中国大中小企业数字化转型水平比较

资料来源：中国电子技术标准化研究院。

四是不同性别间的数字鸿沟问题，女性参与数字经贸活动的比例和程度较低。数据显示，女性互联网普及率一直低于男性，尤其是在发展中国家。从全球总体看，2020 年全球范围内的女性互联网普及率为 56.5%，低于男性 5.2 个百分点。分经济体看，发达国家、发展中国家、最不发达国家的女性互联网普及率分别低于男性 1.3、6.4、11.7 个百分点（见图 1-21）。此外，皮尤研究中心研究发现，无论是在发达国家还是发展中国

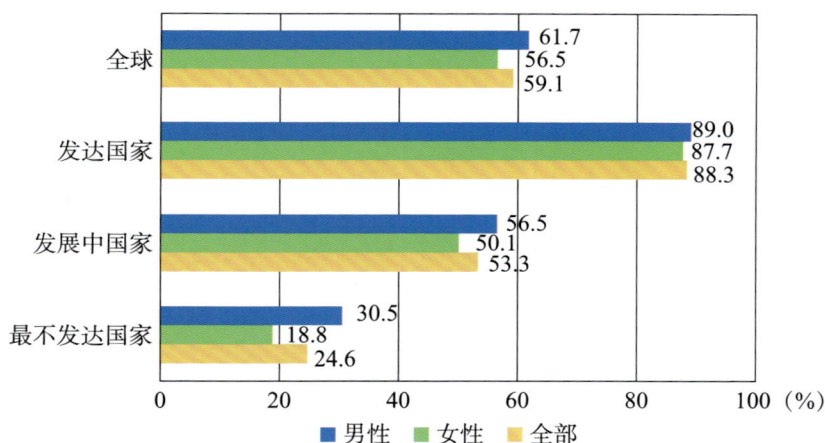

图 1-21　2020 年分经济体互联网普及率性别差异

资料来源：ITU。

家，女性的智能手机拥有量均低于男性。[①] 女性参与数字经贸活动的挑战是多维度的，包括获得教育和培训的机会不足、薪酬和岗位的差距、更多的隐私和安全问题等。

3. 数字贸易包容性发展亟待更多支持

面对全球数字贸易发展不均衡问题及其背后的数字鸿沟挑战，世界各国应加倍努力、加强合作，采取更积极主动的措施推动数字贸易包容性发展。

构建更加包容的数字贸易治理体系。为了推动数字贸易包容性发展，需要国际机制与规则发挥更多积极作用。一是将包容性作为数字贸易国际规则谈判的重要原则，充分认识数字贸易发展的不平衡问题和由此导致的收入差距进一步扩大的情况。二是鼓励更多发展中经济体参与数字贸易治理体系构建，参与数字贸易规则议题讨论，并为之表达立场和主张创造更多机会。三是推动包容性议题讨论，支持发展中经济体的数字能力建设，如针对发展中经济体设立履行协定的过渡期、提供资金技术援助、减少商品和服务贸易壁垒等。

完善数字贸易发展政策法规。为了确保发展中经济体更快融入全球数字贸易网络，需要进一步完善数字贸易相关政策法规，在鼓励发展的同时兼顾安全。一是构建国家数字化发展战略，统筹协调数字贸易发展相关部门和领域，明确发展重点方向和重点任务。二是建立完善数字贸易相关监管政策，加快个人信息保护、跨境数据流动等关键领域制度安排进度。三是建立健全数字贸易配套法律法规，确保电子签名、电子合同、电子发票等的法律效力。四是提升数字贸易便利化水平，促进电子形式的贸易数据和文件的交换和互认，推动不同国家的单一窗口和其他无纸贸易系统之间的兼容性。

推动数字基础设施建设与电信普遍服务发展。为了不同群体、企业能够联网并参与数字贸易，需要加强数字基础设施建设，推动电信普遍服务发展，提供负担得起的网络服务。一是推动农村地区的网络建设，根据经济发展水平和地理自然条件，因地制宜选择接入技术和手段，分类分阶段推进宽带网络向农村地区延伸，解决"最后一

---

① 皮尤研究中心（Pew Research Center）。

公里"的连接问题。二是推动高速宽带网络建设，加快宽带接入光纤化进程，扩大移动网络覆盖范围，提高覆盖质量。

支持中小微企业数字化转型。为了促进中小微企业融入全球数字贸易网络，需要为其提供更多支付得起的数字技术和服务支持。一是为中小微企业提供支付得起的互联网服务，缩小接入方面的差距。二是促进中小微企业数字化转型，面向中小微企业数字化转型需求，开发使用便捷、成本低廉的场景数字化解决方案，并为企业决策者提供数字贸易相关知识和技能培训。三是完善数字市场竞争政策，规范超大型平台经营活动，确保中小微企业可以从数字贸易发展中获益。

促进公众数字素养与技能提升。为了使所有公民能更好地跟上数字化发展浪潮，使用数字技术和数字产品，需要进一步加强数字领域的教育和培训。一是搭建数字技能教育资源体系，充分调动教育机构、公共图书馆、运营商、企业等社会资源，加强融媒体平台建设，优化和拓展数字技能教育资源及其获取渠道。二是推动数字技能教育培训，开展多样化的数字技能培训项目，推广和普及全民数字技能教育，激发数字创新潜能。三是为妇女、老人等群体创造更多获取数字技能教育培训的机会，提升其使用数字产品和服务的能力。

二、主要经济体的数字贸易政策动向

随着数字经济广泛渗透、数字化转型蓬勃展开，世界主要国家和地区高度重视数字经济发展和数字贸易合作，将其作为国家发展规划、政策法规制定、对外经贸合作与参与全球治理的重点。发展促进方面，发布数字化转型战略规划，加大重点领域创新投入，释放数据等要素的发展潜能，加快构建领先、完整、自主的本土数字产业链。监管完善方面，持续健全本国数字监管体系，注重发展与安全的动态平衡。对外合作方面，在现有或新建制度性框架下，推动建立有利于自身发展的数字治理和经贸规则，加速构建全球数字经贸合作网络。

（一）美国：加大关键数字产业投入，推广美式数字治理理念，维护数字产业优势地位

从政策走向来看，美国高度重视数字产业发展，不断完善数字治理政策体系，提升参与数字贸易的综合竞争力，着力巩固其在数字技术、应用方面的领先地位，维护其在数字技术、产业、规则、标准方面的国际领导力。

在国内层面，美国大力投资半导体研发制造，鼓励数字技术创新和产业应用，完善数据管理、网络安全相关政策，注重新冠疫情背景下对特殊数据加强保护，探索规范大型平台企业竞争行为，加强其国内数字经济治理。

在促进数字产业发展方面，一是巩固其国内核心数字技术和关键数字产业的竞争优势。2022 年 8 月，美国通过《2022 年芯片与科学法案》，投入 2800 亿美元促进关键领域科技创新。其中，为美国半导体研发、制造和劳动力发展提供 527 亿美元，另授权拨款约 2300 亿美元，用于促进美国在量子计算、人工智能等领域的科研创新，以巩固美国在半导体及未来产业领域的领导地位。二是推进新兴数字产业及技术应用。人工智能领域，2021 年 1 月，美国颁布《国家人工智能倡议法案》，成立美国国家人工智能倡议办公室（NAIIO），促进人工智能研究机构间合作，定期更新国家人工智能发展战略计划，出台人工智能最佳实践和标准，确保美国在人工智能领域的领导地位。数字货币领域，2022 年 3 月，美国发布《关于确保数字资产负责任发展的行政命令》，要求多部门联合对美国央行数字货币及支付系统的部署方案开展研究。

在完善数字监管体系方面，一是各州陆续颁布消费者隐私保护法案。继《加利福尼亚州消费者隐私法案》（CCPA）于 2020 年 1 月实施后，弗吉尼亚州、科罗拉多州、犹他州和康涅狄格州四个州相继完成相关立法，华盛顿州、印第安纳州和华盛顿哥伦比亚特区等加速推动消费者数据保护相关立法进程。二是联邦层面探索统一的数据保护立法，新冠疫情背景下加强特殊类型数据保护。2022 年 6 月，美国参、众两院联合发布《美国数据隐私和保护法案（草案）》（ADPPA），这是首份获得参、众两院支持

的美国联邦层面规制私营部门的综合性隐私保护法草案。三是推进网络信息安全立法进程。2020 年 5 月，美国签署名为《关于防止网络审查的行政命令》（*Executive Order on Preventing Online Censorship*）的行政命令，强化对 Twitter、Facebook、Instagram、YouTube 等网络社交平台的内容筛查权限监管。2021 年 1 月，美国针对外国网络威胁发布行政令，要求云服务提供商履行境外交易"记录保存义务"，同时必须验证获得 IaaS（基础设施即服务）账户的用户身份。四是强化网络平台和反垄断监管。2021 年 6 月，美国众议院反垄断小组委员会宣布了五项反垄断法案，旨在消除"主导平台"滥用优势地位侵害平台内经营者利益，打击制约创新式收购，通过强化数据可携带和互操作降低数字市场进入壁垒，增加反垄断审查、执法预算。2022 年，美国发布新版《国家安全战略》，强调在未来决定性十年维护其在数字技术等领域的全球领导地位；2023 年，美国更新《国家网络安全战略》《国家人工智能研发战略计划》，在原有政策体系的基础上，进一步强调前沿研发投资，注重制定技术标准。

在国际层面，从机制来看，美国重视联合盟友、利用国际协定和国际倡议等多种渠道，构建在多边框架下的"数字领导力"。一方面，在现有国际组织框架下推动"数字议题"。加强以本国利益为导向的国际合作，如与欧盟、日本共同探讨并形成围绕 WTO 电子商务和数字贸易议题的联合提案。与英国、新加坡等国家就数字经贸合作发表联合声明。在国际电信联盟（ITU）框架下推动 Partner 2 Connect（P2C）数字联盟。另一方面，尝试组建新的数字合作多边机制。扩展亚太经济合作组织（APEC）机制下的《全球跨境隐私规则》（GCBPR），提出《互联网未来宣言》、推动组建"互联网未来联盟"，发布以数字贸易为重要内容之一的《印太经济框架》（IPEF）。

（二）欧盟：推动数字产业创新发展，打造欧式数字治理规则模板，强化"数字"战略自主

欧盟以增强数字空间、数字时代的战略自主性为总体目标，将自身数字能力提升、国际数字治理领导力发挥，与建设开放、有竞争力的欧盟单一数字市场相结合，通过

"外"与"内"的联动互促和数字领域"硬"与"软"实力的协同提升，寻求为数字贸易确立契合欧洲价值观的全球及双边规则框架。

区域内层面，欧盟积极制定数字产业创新发展战略，增强自身数字技术与产业的"硬实力"，保障"战略自主"策略向数字领域拓展，同时高度重视以数字监管和治理能力为核心的数字"软实力"，打造有竞争力的欧盟单一数字市场。

在促进数字产业发展方面，一是制定数字化发展战略。2021年3月，欧盟发布《2030数字指南针：欧洲数字十年之路》，设立了专家人才、基础设施、企业和公共服务四个方面的数字化基本目标。此后，欧盟又陆续制定多个着眼于抢占新兴技术发展先机的筹资计划，包括"数字欧洲计划""连接欧洲设施计划""地平线计划"和农村发展基金等，对高性能计算、量子信息和人工智能等技术发展前沿热门领域进行重点投资。2021年5月，欧盟更新了《欧盟新工业战略》，明确将"处理战略依赖关系"列为核心任务，并连续两年发布《战略依赖度和能力分析报告》，指出半导体、网络安全、云计算、边缘计算是需要降低依赖的重点领域，将对外持续扩大国际合作伙伴关系、推动实现供应链多元化摆在欧盟对外政策的优先位置。2022年2月，欧盟理事会发布《安全与防务战略指南》，提出了减少欧盟在安全和国防关键技术及价值链中的战略依赖的具体措施，包括加强独立研发、确立协同工作机制、加强与盟国合作等。二是突出重视欧洲传统产业、技术的数字化转型。2020年7月，欧洲议会发布《欧洲数字主权》报告，为欧洲数字化转型确定了构建数据框架、促进可信环境、建立竞争和监管规则三大方向。2021年3月，欧盟在《2030数字指南针：欧洲数字十年之路》中提出未来十年欧洲加快数字化转型的具体目标及衡量指标；2022年6月更新《欧洲数据战略》，11月发布《2030年数字十年政策方案》，12月发布《欧洲数字权利和原则宣言》，进一步明确了欧洲数字化转型的技术方案和未来工作重点。

在完善数字监管体系方面，一是建立和完善欧盟数字安全与治理规则。在数据安全上，2022年5月，欧盟理事会批准了《数据治理法》（DGA），旨在通过允许公共数据安全再利用、促进数据中介机构发展、鼓励公共利益用途数据获取和提供非个人数据国际保障，促进欧盟内部数字安全可信流动。在网络安全上，2020 年 12 月提出了《关于在欧盟全境实现高度统一网络安全措施的指令》（NIS2），为信息和通信技术产品、服务、流程建立了欧洲网络安全认证框架。正在酝酿出台的《网络弹性法案》（CRA）和 2024 年 1 月生效的欧盟《网络安全条例》，将进一步完善欧盟现有网络安全立法框架，为欧盟各地数字产品和相关服务建立共同的网络安全规则。在供应链安全上，欧盟委员会 2022 年 9 月提出单一市场应急工具（AMEI），欧洲议会 2023 年 7 月通过的《芯片法案》和 2024 年 4 月通过的《可持续产品生态设计法规》，以整合欧盟内部资源、提升供应链关键信息共享与流通的数字技术手段、加强与盟国合作，确保可能的危急状态下的人员、货物和服务自由流动。二是在确保安全可信的同时，营造开放、公平的营商环境。欧洲理事会在 2021 年 3 月通过的关于欧盟数字十年网络安全战略的结论中特别强调，将在实现网络安全战略自主性的同时，保持开放架构。2022 年 7 月，欧洲议会通过《数字服务法》和《数字市场法》，对欧盟市场上的数字企业进行竞争、隐私、广告信息等方面的监管，以打击和防范数字市场垄断风险，支持中小企业发展，确保欧洲数字市场的开放与多元。此外，2022 年 2 月欧盟提出《数据法案》草案，该法案旨在促进数据的安全可信共享和使用，确保数字环境的公平性。一旦推行，将强制亚马逊、微软、特斯拉等头部数字企业分享更多数据，进一步促进中小数字企业发展。

区域外层面，将增强欧盟整体在数字贸易中的利益和优势地位作为重要目标，并将其与欧盟的数字领域对外战略，以及国际数字治理的所谓"布鲁塞尔效应"紧密结合。一是强化国际多边框架下的议程设置与规则引领。其中既包括国际电信联盟（ITU）、国际标准化组织（ISO）、国际电工委员会（IEC）及联合国等传统国际多边组织与机制，也包括欧盟与非洲、中东地区、印太地区、拉美地区发起的区域性多边合作框架，欧盟在数据跨境流动、人工智能治理等热点议题方面，通过规则引领，获取数字贸易发展有利地位。二是加强与具体国家、地区之间的双边合作。目前欧盟重点推进的双边数字合作机制包含美欧贸易和技术委员会（TTC）、欧盟—日本数字伙伴关系、欧盟—韩国新数字伙伴关系、欧盟—新加坡数字合作伙伴关系和欧盟—印度贸易和技术委员会。其中，美欧贸易和技术委员会（TTC）已于 2021 年 9 月、2022 年 5 月召开两次部长级会议，围绕技术标准、供应链安全、数据和平台治理等领域成立了十个工作组，提出了具体行动计划，进一步强化在贸易、技术和安全相关问题上的跨大西洋协调。2023 年，美欧发布《欧美数据隐私框架》，双方就数据流动问题达成重要安排。

（三）英国：明确数字化转型的顶层设计，释放数字创新发展潜力，重构数字贸易合作网络

英国脱欧后在数字贸易方面以促进经济增长和创新为主要方向，充分发挥数据活力和数字贸易优势，争取全球领导地位，同时致力于高水平的数据保护，保障数据开放共享。

在国内层面，作为数字服务业大国，英国明确数字化战略顶层设计，通过灵活的配套政策和可操作性的措施，实现国内经济转型，推动其生产力、就业与经济增长。

英国在促进数字产业发展方面，一是明确数字化转型顶层设计。2022 年 6 月，英国发布《英国数字化战略》（*UK Digital Strategy*），以成为全球数字化业务首选地为愿景，指出英国未来主要行动包括建设一流数字基础设施、支持创新和知识产权保护、培养技术人才、扩大融资、推动数字成果普惠共享、提升全球地位六个方面；同年 10 月又发布新版《数字战略》，力争打造良好创新环境，助力英国塑造"全球科技超级大国"。二是高度重视数字技术创新与知识产权保护。英国政府将大幅增加在研发方面的投资，并强化研发的税收激励措施以刺激私人投资，从而实现数字领域的创新发展。三是积极促进数字领域的技术增长与人才培养。英国政府将与大学、教育机构及企业进行合作，提供实体经济切实需要的数字技能培训。四是在数字企业融资与上市方面给予诸多支持。通过企业投资计划（EIS）、种子企业投资计划（SEIS）和风险投资信托基金（VCTs）以及许多有活力的早期风险投资基金（VC）等实施风险投资激励措施，并将继续推动伦敦证券交易所（LSE）成为数字技术公司上市的最佳地点。

在完善数字监管体系方面，英国注重维护安全的数字环境、充分的数据流动以及搭建宽松、支持创新的监管框架。一是构建宽松、鼓励创新的国内监管框架。英国政府通过《数字监管计划》阐述了其创新理念，表示其致力于在数字监管方面表现得更具前瞻性与协调性，使其相关规则较欧盟规则更加简化与有利于创新。二是构建创新的数据使用和流动管理制度。《英国数字化战略》提出，英国希望通过简化《通用数据保护条例》（GDPR）中的某些部分，以减轻合理使用个人数据的企业和组织的负担。2022 年 5 月，英国基于前期开展的《数据：新方向》调研项目，形成《数据改革法案》，旨在创建一个世界级的数据权利制度，减轻企业负担、促进经济发展、帮助科技创新并改善英国人民的生活。

在国际层面，从机制来看，受脱欧和新冠疫情影响，英国重视重构对外合作网络，积极参与多双边数字经贸合作。签署或推动经贸协定谈判。自 2021 年 1 月起，欧盟贸易协定不再适用于英国，其通过正式批准或临时申请等方式，与 70 余个国家和地区达成替代协议，启动与美国、新西兰的自贸协定谈判，并申请加入 CPTPP，评估与印度、加拿大、墨西哥自贸协定可行性。2022 年 2 月，《英国—新加坡数字经济协议》（UKSDEA）正式签署，双方将在跨境电子支付、供应链数字化、中小企业发展等领域加强合作。2021 年英国担任 G7 轮值主席国，设置数字议程并推动数字议题进展，2021 年 4 月，发布《数据自由流动与信任合作路线图》；2021 年 6 月，在伦敦达成有关最低企业税率的国际税改协议；2021 年 10 月，贸易部长会议达成《数字贸易原则》，在数字市场开放、消费者权益保障、数据跨境流动、数字交易系统等数字议题方面达成一致。

从具体主张来看，英国主要以《数字贸易目标和愿景》中的五点计划为指南，促进数字贸易增长和创新。一是确保数字市场开放性。2021 年 11 月，英国更新《出口战略：英国制造，销往世界》，以支持英国企业参与全球竞争和跨境投资。二是促进数据跨境流动。2021 年 8 月，英国公布脱欧后的"新全球数据计划"，建立国际数据伙伴关系；2023 年 9 月，英美确认个人数据跨境传输"数据桥"并于 10 月正式生效，使个人数据在两个国家之间自由流动。三是创新数字交易系统。2022 年 2 月，英国与新加坡签署《英国—新加坡数字经济协议》，支持互操作性的跨境电子支付系统发展。

（四）东南亚：以东盟数字经济一体化为重点，抢抓数字革命机遇，释放区域市场潜力

区域内层面，数字经济一体化是东盟推动数字贸易发展的重要抓手。东南亚数字经济发展前景广阔，但基础较为薄弱。为此，东盟将数字经济一体化作为其发挥区域规模优势、弥合数字鸿沟的关键，着力筑牢数字贸易发展的基础。新冠疫情下，其数字化转型进程进一步加快，仅 2020 年就增加 6000 万数字服务新用户，预计未来 10 年数字经济将达到万亿美元规模，为地区经济复苏和数字经济一体化注入强劲动力。2021 年 10 月，东盟峰会发表关于促进地区数字化转型的声明，强调通过数字化转型将新冠疫情风险转化为发展机遇，包括：提高东盟内部数字连接的质量、可及性和可负担性；实施《东盟数字总体规划 2025》，将东盟建设成为领先的数字经济区；加强网络安全合作和能力建设，加强东盟在区域网络安全秩序中的中心地位；2025 年启动东盟数字经济框架协议谈判（DEFA），制定统一的数字贸易规则和促进政策，包括跨境数据流动等贸易自由化便利化举措、改善连通性、人力资本、支付系统、数据隐私和安全、知识产权保护等，为区域数字贸易发展创造更适宜的政策环境。

区域外层面，东盟积极参与多边和跨区域合作。一是坚持多边主义，在多项联合声明中重申维护以 WTO 为核心的开放、自由、公平、基于规则和非歧视性多边贸易体系的承诺。二是积极推动 RCEP 框架下的数字合作，致力于推动无纸化贸易、跨境数据流动、增强中小企业使用电子商务的能力、保护消费者权益、分享最佳做法、开展网络安全方面的合作等，为地区数字贸易发展创造有利环境。三是与中国的数字合作迈入新阶段，制定《数字经济合作伙伴关系行动计划 2021—2025》，加强数字治理对话和数字规则协调衔接。四是加强与欧洲国家合作，与欧盟持续开展数字领域合作对话，探索建立数字经济互联互通机制；重视数字创新和技术支撑作用，与英国发布关于未来经济合作的联合声明，涉及数字技术、智慧城市等内容。此外，东盟七个成员国参与《印太经济框架》（IPEF），或将探讨跨境数据流动、数据本地化、提高中小企业开

展电子商务能力、加强隐私保护以及 AI 治理等数字贸易规则议题。

主要成员国政策各有侧重。新加坡对内完善数据监管和网络安全立法，对外重视新兴数字技术领域合作。如创建"Trustmark 认证"，用于证明企业已经采取了负责任的数据保护措施，增强客户对企业合规收集、使用和披露个人数据的信赖程度；2022 年 3 月，发布《基础匿名化指南》，为数据匿名化和去标识化处理提供技术指导；同年 7 月宣布要推动新的立法，完善水利、医疗、海事、媒体、信息通信、能源和航空等关键信息基础设施（CIIs）保护。在对外合作上，新加坡与英国签署《英国—新加坡数字经济协议》（UKSDEA），将在数字经济领域开展广泛合作；与哥伦比亚签署合作备忘录，重点加强数字技术和在线市场合作，包括人工智能、物联网、区块链和数字产业等；与日本发表《关于进一步推进信息通信技术领域合作的联合声明》，加强在 5G 技术、AI 治理、网络安全和数据流等方面合作。泰国对内加强个人数据保护立法，对外寻求数字技术支撑。《个人数据保护法》（PDPA）生效实施；分别在 2022 年 6 月和 7 月与英国、芬兰签署合作意向书，寻求在人工智能、大数据、网络安全等领域的广泛合作；2022 年 7 月，与中国签署关于网络安全合作的谅解备忘录，旨在加强网络安全领域交流，维护网络空间稳定。越南制定全方位的国家数字战略行动计划，对外加强电子商务监管和寻求数字化转型合作，发布《到 2030 年第四次工业革命国家战略》及具体行动计划，旨在创建现代化和安全的数字基础设施，为数字经济发展开创新空间；加快数字政府建设，加强对电子商务的监管，要求跨境电商国际平台设立本地办事处或指定授权在越南的代表；与英国签署加强数字经济和数字化转型合作的意向书。

（五）日本：强化参与国际机制建设能力，积极构建多层次数字经济伙伴关系，促进数字贸易发展

在国内层面，一是持续完善个人信息保护立法。《个人信息保护法》每隔 3 年进行一次修改，最新修订版于 2022 年 4 月 1 日全面生效，强化用户权利和数据处理者义务、新增假名化信息相关条款、扩大域外适用范围和加强惩罚等。二是加强平台治理，促

进公平竞争。2021 年底，日本知识产权战略总部完成《平台数据处理规则指南》的内部磋商，重点包含平台规则设计、实施和评估，预计 2025 年在医疗、教育、防灾和基础设施等领域实施。三是重视提升半导体等关键基础产业竞争力。2023 年 6 月，日本修订《半导体和数字产业战略》，拟提供数十亿美元的补贴，加大对国内芯片行业的支持力度，目标是到 2030 年将日本芯片销售额提高两倍。

在国际层面，日本一方面参与并试图引领国际机制建设。作为 WTO 电子商务谈判的联合召集方之一，2021 年 12 月日本与新加坡、澳大利亚共同发表联合声明，宣布在 8 个领域的谈判中达成基本共识，以推动各方积极参与多边规则建设；广泛参与 OECD 关于实施数字经济税收框架第二支柱《全球反税基侵蚀示范规则》磋商，签署《互联网未来宣言》《网络犯罪公约第二附加议定书》，共同发布 OECD 针对应用 AI 系统进行分类的框架，联合制定关于改善数字市场竞争环境的纲要及数字贸易原则等。另一方面，积极构建数字经济伙伴关系。2022 年 2 月，在 2 年前签署的《日美数字贸易协定》基础上，召开日美贸易合作框架首次会议，就数据保护与供应链强化合作进行磋商；同年 5 月与欧盟宣布建立数字伙伴关系，促进数字经济合作，内容包括 5G/6G、人工智能、数据隐私（包括跨境数据流动）和绿色数据基础设施等，就合作关系进展开展年度评估；2022 年 7 月与新加坡达成关于推进信息通信技术领域合作的决定；此外，还推动在七国集团（G7）框架下建立"可信的数据自由流动"（DFFT）机制，引领跨境数据流动规则建设。

（六）韩国：夯实数字贸易产业基础，广泛参与全球数字贸易协定，构筑国际竞争新优势

在国内层面，一是提升个人信息跨境流动便利化水平。2021 年 9 月，韩国个人信息保护委员会提交《个人信息保护法（修正案）》，为个人信息跨境流动提供多样化途径选择，包括基于国际条约、协定、认证，达到本法规定的个人信息保护水平的国家或地区、履行合同需要等。二是通过立法构建全方位的数据产业支持体系。2022 年 4 月，韩国《数据产业振兴和利用促进基本法》实施，对数据产业振兴作出规定，强化

机制建设，在总理办公室下设国家数据政策委员会，每三年审议并发布新版数据产业振兴综合计划；界定各类法律主体，覆盖数据全生命周期各环节；扶持数据分析商、交易供应商、数据经纪商等市场主体发展，促进数据交易和流通；设立纠纷调解委员会，专门负责解决与数据产生、交易和使用等有关的各类纠纷。三是注重巩固半导体等优势产业。2023 年 3 月，韩国修订《税收特例管制法》，以大幅减税促进芯片制造业发展，大企业和中小企业分别最多获得 25% 和 35% 的抵税优惠。

在国际层面，韩国一方面广泛参与国际数字贸易规则制定，积极参与 WTO、OECD 等关于电子商务、数字经济税收等规则的制定。另一方面深化区域和双边数字贸易合作，积极融入区域数字贸易协定，2021 年 9 月向 DEPA 成员国提出加入申请；2022 年 2 月，推动包括数字贸易规则在内的 RCEP 在本国正式生效。在双边层面，2021 年 12 月，韩国与新加坡达成《数字伙伴关系协定》，这是韩国与他国缔结的首个专门的数字贸易协定，在 DEPA 基础上增加了有关源代码、金融服务领域的计算设施位置等相关规定；2022 年 7 月韩国与英国就"数据充分性"达成原则性协议，允许两国数据不受限制地跨境流动。2023 年 8 月，韩国申请加入《数字经济伙伴关系协定》（DEPA）的实质性磋商完成，希望以此为契机引领电子商务国际规则谈判。

三、全球数字贸易规则制定的新进展

随着数字技术与产业变革加快推进，各国积极推进数字化转型，对数字贸易开放发展的规则环境与监管协调提出更高要求，数字贸易规则成为国际经贸规则重构和各方博弈的焦点。数字贸易规则制定多种路径进展不一，近两年随着 WTO 第十二届部长级会议的举办，多边谈判取得积极进展；以服务贸易协定（TiSA）为代表的诸边谈判基本上处于搁置状态；双边和区域 FTA（自由贸易协定）中的数字贸易章节、专门的数字贸易协定等规则谈判高度活跃。总体看，规则谈判在推动务实、灵活合作上呈现多个亮点，也因分歧难以弥合、存在治理碎片化风险，亟须加强国际协调与合作，共

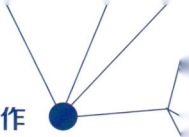

同构建适应数字全球化发展的有利制度环境。

（一）总体进展与特征

1. 平台路径上，多元并存、各有侧重

目前，数字贸易规则制定主要有五大路径：一是 WTO 框架下的多边谈判；二是诸边谈判中存在共识的部分国家先行达成绞高水平的协定，再寻求谈判成果的多边化；三是在区域自贸协定安排中纳入数字贸易议题；四是商签数字贸易协定并做出有针对性的制度性安排；五是将非约束性政府合作安排作为规则的有效补充。目前，多边谈判取得积极进展，以服务贸易协定（TiSA）为代表的诸边谈判陷入搁置，而双边及区域层面进展迅速。各国根据政策关注优顺序和议题涉及广度的不同，灵活选择平台路径，呈现以 FTA 单独章节和专门数字贸易协议、约束性承诺和非约束性条款、一揽子协议和模块化设计等多种方式推进的规则制定与谈判格局。

2. 议题持续拓展，向数字经济治理领域广泛渗透

数字贸易发展涉及的规则领域日益广泛，当前主要集中在七大议题（见表 1–3）：贸易便利化、市场准入、关税与数字税、跨境数据流动、网络安全和消费者保护、知识产权保护、数字营商环境，有些与数字贸易直接相关，有些则是与数字治理环境密不可分。各国推动相关议题的多边讨论，三要目的是在推动商品要素流动的同时，确保数字化红利的公平合理分配，有些则是为了占据数字贸易规则谈判中的主导地位。从进展看，贸易便利化等部分议题已获得基本共识，主要涉及提升跨境电商通关效率及支持使用电子认证、电子签名、电子合同等规范，其他多数议题尚在推进中。

市场准入，涉及数字商品与服务的市场准入，取决于各成员在《服务贸易总协定》（GATS）和区域及双边协定下作出的具体承诺，也涉及各国自主开放的情况。目前，各方围绕数字产品非歧视待遇、服务市场准入承诺、第三轮信息技术协定扩围谈判、更新 GATS 的电信附件等问题展开谈判，因市场竞争力不同，发达国家与发展中国家之间存在较大分歧，相关服务贸易开放尚未取得实质性突破，谈判难度较大。

关税与数字税，涉及跨境电商最低免征税额规定和电子传输免关税政策，在初期很多经济体给予大量税收优惠政策，随着数字贸易规模快速提升，各国为避免税源流失趋于强化税收征管，对数字经济利益分配提出更高要求。针对跨境电商，一些国家取消了最低免征税额规定，对跨境小包裹不再给予关税豁免优惠；针对电子传输免关税，发达国家与发展中国家还存在意见分歧，前者主张永久免关税，后者希望维持现行做法，通过连续更新 WTO "暂停对电子传输征收关税"决议保持其法律效力，未来随 WTO 改革而调整。在多边方案尚未达成广泛共识的情况下，作为临时性补偿措施，一些国家宣布实施具有单边性质的数字（服务）税引发较大争议，目前在 OECD "双支柱"蓝图及双边协调机制下，问题虽得到初步缓解，未来仍可能引发新的贸易摩擦。

数据作为新的生产要素和可交易的重要资产，数据流动是数字贸易规则制定较关键的领域，也是较难突破的议题。无论是货物贸易业态和模式创新、服务贸易数字化转型，还是平台服务企业发展、跨国公司内部治理与全球化布局，都对数据跨境流动提出巨大需求，对隐私与商业秘密保护、网络安全等方面的要求也日益提升。如何促进数据跨境自由安全有序流动，成为当前数字贸易规则谈判的核心议题，其中跨境信息传输、计算设施位置（即"本地存储要求"）是各方关注的焦点，各国对发展与安全的关注和治理监管方式不同，是导致分歧的重要原因。

网络安全和消费者保护，主要涉及个人信息保护、在线消费者保护、垃圾邮件和网络安全事务合作等具体议题，旨在通过适当保护和有效追责来规范数据贸易的交易流程，创造安全可靠、可信赖的互联网环境，提高交易各方开展数字贸易的积极性。目前垃圾邮件等议题已在 WTO 框架下达成基本共识，其他议题依赖于各国国内的法规体系建设和完善。

知识产权保护，涉及知识产权保护与监管边界的确定问题，是数字贸易发展的重要保障，主要包括数字内容版权、源代码等数字资产的保护等。关键议题是源代码保护，既涉及企业商业秘密保护，又与政府针对公共事务的监管相关。依据 WTO 现行规定，成员方有权在符合《技术性贸易壁垒协定》（TBT）的前提下，对可能导致网络安全漏洞的"后门"进行测试，以决定是否允许将加密技术进口到本国并在本国销售。现有数字贸易相关协定中的源代码规则多采用"原则 + 例外"架构，即原则上不得要求以转移源代码作为市场准入等条件，但同时对关键基础设施所用软件、商业合同规定及专利申请需要等情况给予例外处理，谈判焦点在于确定"关键基础设施"的范围及如何确定商业合同不受其他非经济因素干扰。

数字营商环境，核心在于打造互联互通且公平竞争的市场环境，既包括对电信通道、互联网、大型互联网平台等数字基础设施的公平使用，又包含平台责任、打击市场垄断、建立包容性的技术创新环境等，未来数字基础设施的技术标准等也将成为国际合作的重要内容。目前，美国、日本等国积极推行网络服务提供者（ISP）"安全港"制度，尽量降低互联网中介服务责任，促进依赖用户创作与互动的互联网平台经济发展；其他大多数国家则主张平台应承担公共管理责任与用户权益保护义务。

表 1-3 多双边数字贸易规则谈判的重点议题及焦点

大类	分类	重点议题	焦点
显性的数字贸易规则议题	当前议题	贸易便利化	通关便利化，无纸化贸易，电子认证和签名，电子发票等
		市场准入	服务市场开放承诺，信息技术协定（ITA），GATS 电信附件等
		关税与数字税	电子传输关税，跨境电商最低免征额，数字（服务）税等
		跨境数据流动	通过电子方式跨境传输信息，设施本地化，个人信息保护等
		知识产权保护	源代码，"强制技术转让"，使用加密技术的 ICT 产品等
		网络安全和消费者保护	非应邀商业电子信息（垃圾信息），在线消费者保护等
		数字营商环境	价值观伦理，治理规则，国际国内标准等
	未来议题	数字货币规则	国际结算去中心化，数字货币的互操作、协调和透明度机制，安全机制等

续表

大类	分类	重点议题	焦点
隐性的数字贸易规则议题	传统贸易投资保护问题	数字领域的投资壁垒	外资安全审查，投资保护等
		传统贸易保护措施	补贴，政府采购，出口管制，技术性贸易壁垒，国有企业，自然人流动等
		跨境司法管辖问题	对本国境外平台的监管，对平台在境外侵犯本国权益或法律的监管等
		横向议题	监管一致性等
	数字治理问题	数字技术标准的非歧视性及科技合作交流	开放性标准合作机制，全球技术标准，安全性等
		网络执法与网络主权	数据安全，内容审查，全球互联网的去中心化、分布式管理，避免恶意网络攻击等
		打造公平竞争的市场环境	反垄断，平台责任豁免，政务数据公开，对新兴技术的包容性，数字鸿沟等

资料来源：课题组整理。

近年来，数字贸易规则逐渐向数字经济治理领域延伸，呈现出一些新的特点。

一是更加重视监管协调。除了提升自由化、便利化，推动技术标准与监管协调已成为数字贸易规则制定的新趋势。例如，数字身份互认，主要涉及有关个人和公司数字身份的政策和法规、技术实施和安全标准等合作，以增强国家之间、区域之间监管执行上的互操作性；标准和一致性评估，主要包括分享最佳实践、推动数字贸易领域的标准合作、促进标准化主管部门之间的合作等；竞争政策协调，包括分享数字市场竞争政策的信息及监管实践经验，在全球范围内营造公平竞争的市场环境。

二是更加重视创新合作。数字贸易是新兴领域，各国在规则制定中既强调规范行为，又重视促进发展与合作。不仅关注金融科技、法律科技、加密资产等领域的合作，尤其在科技解决方案联合开发、监管者及相关主体和学者的交流等方面，还推动监管合作与方式创新，如数据创新的监管沙盒，使各相关机构在可信的数据共享环境中，在明确的空间和可控的范围内，推动产品或服务的创新。

三是更加重视基础设施等要素支撑。数字贸易规则不仅关注对数字内容及平台等在线市场的监管，也越来越多地涉及对硬件基础设施的规制等。如《英国—新加坡数字经济协议》中涵盖海底电缆相关条款，使各主体能够在合理、非歧视性和透明的基础上使用该系统。

四是更加重视科技伦理因素。人工智能作为与数字贸易发展密切相关的通用技术，在经济社会中的广泛渗透和爆发式增长，引发了关于法律和伦理问题的全球讨论。尽管各国普遍将透明度、可信性、问责制等作为人工智能治理的基本原则，但不同国家对相关原则的具体含义理解不同，也存在不同的判断标准，尚未就人工智能治理原则达成基本共识。

此外，全球数字贸易规则的拓展，还体现出由显性规则向隐性规则渗透的特征。

（二）以多边机制优化推动谈判加速

当前，多边层面数字贸易规则制定主要包括三个方面的工作：一是推动 WTO 电子商务谈判（JSI），构建更具广泛接受性和包容性的数字贸易规则；二是优化谈判机制，强化 WTO 电子商务工作计划在解决与贸易相关的电子商务问题上的作用；三是其他多边组织就数字贸易相关议题持续推进治理完善。

1. WTO 电子商务谈判共识有所增加，关键议题分歧依然较大

WTO 电子商务谈判自 2019 年初启动以来，由于覆盖成员多、影响范围广，作为数字贸易新兴领域合作，因此备受各国重视，谈判被赋予重振 WTO 谈判职能的重要期待。WTO 第十二届部长级会议后，相关工作取得新进展。截至 2023 年 8 月，参与成员数量已增至 89 个，占全球贸易的 90% 以上；议题数量也随谈判进展而逐渐增多，各成员已就 11 个议题达成基本共识[①]，其中，电子发票、网络安全和电子交易框架是近一年

---

① 包括无纸化交易、电子合同、电子认证和签名、非应邀商业电子信息、消费者保护、政务数据公开、开放互联网访问、透明度、电子发票、网络安全和电子交易框架等。

来的新成果；为推进谈判，参与方又增设了三个小组会议，聚焦关键议题进行密集讨论，涉及隐私/个人信息保护、使用加密技术的ICT产品以及电信服务等，目前分歧依然较大。

跨境数据流动和个人信息保护方面，意见分歧广泛存在。跨境数据流动对贸易的影响不断深化，有关该议题的讨论已从数字贸易规则的六大议题[①]中的"开放与电子商务"转入"交叉问题"。当前，各方就如何处理数据流动与隐私保护和网络安全等问题仍存在广泛分歧。虽然多数国家接受"允许跨境自由流动/禁止本地化+安全例外"的监管模式，但在"安全例外"的认定范围和使用限制上存在分歧。

禁止强制公开源代码和保证ICT产品加密技术的完整性方面，发达国家和发展中国家关注的重点不同。发达国家主要从保护企业的知识产权和商业秘密、鼓励创新等方面考虑，禁止基于商业合同之外的强制源代码披露、转让或使用特定加密标准要求。发展中国家则多要求允许以监管执法等为目的采取强制公开举措。各方意见差异集中在源代码是否包含算法以及作为例外的关键基础设施的范围等。

电信相关规则方面，各成员因产业政策实践存在明显差异而协调难度较大。电信服务规则涉及11个议题，具体包括电信监管机构、普遍服务、竞争保障、互联互通、基础设施、频率分配、授权和许可、透明度等。由于电信服务及相关设备是数字经济和数字贸易快速发展的基础支柱，各成员关于电信服务分类、市场监管及相关设备和产品竞争力的政策实践存在明显差异。因此在谈判中各成员对适用范围、电信监管机构、频率分配、关键设施等核心议题分歧较大；对其他7项议题分歧较小。

2. 优化谈判机制和议题设置，促进谈判进展

各方更加注重规则的包容性，原因主要有两方面。一方面，各国不断完善数字

---

① 包括促进电子交易、开放与电子商务、信任与电子商务、交叉问题、电信附件和市场准入；新谈判架构中，保留前五大议题，市场准入被归为附件。

贸易国内监管，主要目的在于规范行业、保护消费者或实现其他公共政策目标。由于历史、文化、价值观等的差异，各方在维护个人隐私、数据安全等方面的政策排序有所不同，多边规则需要考虑这种国别间的多样化安排。另一方面，多数发展中国家数字贸易基础设施薄弱、缺乏大型企业、数字技能和监管手段不完善，谈判能力和意愿不足，多边规则需充分考虑这些现实挑战，以促进各国提升政策开放度、加快多边规则谈判进程。

为促进谈判进程，WTO 优化谈判机制设置。一是新设"附件"议题，解决部分条款与 WTO 成员现有承诺义务相冲突的问题，提升多边规则的兼容性，涉及市场准入、数字产品非歧视待遇等存在法律架构分歧的条款。二是建立盘点小组，对未得到足够支持的提案如"交互式计算机服务"等进行审查和评估，以降低达成共识的难度。三是引入特殊与差别待遇和过渡期，允许发展中国家和最不发达国家承担共同但有区别的责任。四是启动电子商务能力建设框架，由澳大利亚、日本、新加坡和瑞士在 WTO 第十二届部长级会议期间共同发起，主要提供培训等技术援助，提升其他成员参与谈判和利用规则的能力。五是重启 WTO 框架下辅助性谈判推进机制。WTO 电子商务工作计划于 1998 年启动，旨在审查所有与贸易相关的电子商务问题，一旦达成共识就纳入正式的电子商务谈判（JSI），有望成为具有法律约束力的国际规则。但目前除定期延长暂免关税决定外，尚无其他实质性成果。WTO 第十二届部长级会议决定重振该计划，重点是缩小互联互通和能力建设等方面的差距。

专栏　WTO 电子商务工作计划的主要工作

发挥现有专门委员会的职能，如 WTO 技术贸易壁垒委员会强调，在监管人工智能等新兴数字技术时，既要发挥国际标准在解决监管碎片化问题上的重要作用，又要认识到国际标准在协调各方隐私和伦理共识上的局限性。

分享国际组织的经验和做法，如联合国贸易和发展会议（UNCTAD）和经合组织（OECD）分享在线消费者保护指南；世界银行、国际电信联盟、国际贸易中心（ITC）分享解决数字鸿沟的相关举措；世界海关组织和国际贸易法委员会分享电子商务法律框架和监管等工作。

探讨推动更加广泛的发展与合作。如部分国家以安全为由推动技术脱钩、对敏感数字技术供应链进行"在岸""近岸"或"友岸"重组。WTO研究表明，若脱钩使全球分化为两个集团，将使全球长期实际GDP下降约5%；若考虑到其他不可量化的经济、社会和政治后果，下降幅度将更大，各方应坚持多边主义，加强国际合作。

资料来源：课题组根据相关资料整理。

3. 围绕重点议题，其他多边组织持续推进规则治理

联合国等多边组织、政府间组织等在涉及数字贸易专项领域的规则、标准、规范方面具有较大影响力。

数字税上，随着数字化深入推进，税基侵蚀和利润转移（BEPS）问题进一步加剧，部分国家征收数字税可能引发贸易摩擦。在此背景下，2021年，由二十国集团（G20）委托经合组织（OECD）主导设计的"双支柱"包容性框架获得通过：支柱一旨在解决国际税收管辖权问题，重点是要求成员取消数字税及其他相关措施，支柱二规定15%的全球最低有效税负。目前，OECD已就该包容性框架发布多项进展报告、立法模板或征管指南；2023年7月，138个成员就实施该包容性框架发布《成果声明》，明确了已达成的共识。尽管仍存在诸多分歧和挑战，但超过50个司法管辖区正开展或已完成有关支柱二的国内立法，为实现更公平地分配利润和征税权创造了制度基础。

新兴领域制度建设上，一是人工智能监管，OECD等多边组织推动建立基于风险和共识的分级分类标准体系监管模式，优先向自动驾驶、人脸识别等重点应用场景聚焦，不断寻找治理突破点。二是ICT监管，国际电信联盟（ITU）在2022年9

月通过了《2024—2027 年战略和预算计划》，决定在 ICT 宏观政策、数据处理与管理、数字基础设施与网络安全及隐私保护等领域强化标准建设。三是信息内容治理，为减小虚假信息不断增多所带来的负面影响，联合国大会 2021 年底通过"打击虚假信息以促进和保护人权及基本自由"决议，呼吁各国通过政策措施打击虚假信息；2023 年 6 月提出了全球行动框架，呼吁各国政府、国际组织、数字平台科技公司与所有利益相关者遵守共同的信息完整性标准，采取相应措施阻止虚假信息等的传播。

（三）双边及区域层面谈判进展明显

1. 多平台灵活推进

区域或双边自贸协定数字贸易章节覆盖面不断拓展。2023 年 5 月，英国—澳大利亚自由贸易协定正式生效（签署于 2021 年底），涵盖内容更多，包含了 CPTPP 未涉及的开放政府数据、数据创新合作、使用密码技术的商业 ICT 产品等新兴数字专门贸易协定内容。2023 年 7 月，英国成为首个加入 CPTPP 的欧洲国家，使其同未达成自由贸易协定的成员——马来西亚和文莱建立了优惠贸易安排。欧盟和新西兰于2023 年 7 月签署自由贸易协定，其数字贸易章节较欧盟此前所达成的双边协定的相关内容有明显拓展，将跨境数据流动及个人数据和隐私保护条款纳入，规定上采用欧盟标准，即将保护个人数据和隐私视作一项基本权利，以此增强消费者对数字贸易的信心和信任。

数字贸易专门协定成为贸易伙伴深化数字领域合作的重要选项。不少国家间是在已有双边自由贸易协定基础上签署数字贸易专门协定，尤其是在相对成熟的领域，以提供法律确定性。如，2022 年 11 月，韩国与新加坡签署《数字伙伴关系协定》（KSDPA），作为对韩国—新加坡自由贸易协定"电子商务"章节的升级方案。该协定旨在通过建立有助于数字系统互操作的贸易规则，深化两国在数字经济领域的合作；尤其是在跨境数据流动议题上，该协定使得在两国经营的企业能够相对自由地跨境转移信息，包括金融机构产生或持有的信息。2023 年 6 月，韩国完成加入 DEPA 的实质性磋商，成为 DEPA 扩围谈判以来首个新成员。

政府间框架性协议成为开展数字政策对话、推动更灵活数字合作的重要方式。覆盖内容广泛、强调重视合作是这类协议的重要特征。2022 年 5 月，欧盟与日本启动数字伙伴关系，以推进双方在 5G、人工智能、开放创新、绿色数字基础设施、数字化转型等广泛数字领域的合作；2023 年 6 月，双方又达成《数字贸易原则》，内容涉及支持开放数字市场、消除跨境数据流动的不合理障碍、维护数据和隐私保护的监管自主权等；同时已开始就跨境数据流动充分性决定①做相关准备，以便欧盟个人数据可以自由流入日本。2023 年 2 月，欧盟与新加坡在自由贸易协定（FTA）合作基础上，建立数字伙伴关系，旨在通过加强数字市场和政策框架的连通性和互操作性，推动双方在数字领域的全方位合作，包括数字经济与贸易、技术、基础设施、技能、企业数字化转型和公共服务数字化等。2023 年 7 月，双方宣布启动数字贸易协定谈判，以促进可信数据流动、营造互联和安全的数字环境，为双边数字贸易合作提供确定性。

2. 数据治理仍占据核心地位，数字技术合作成为热点

减少跨境数据流动障碍始终是规则谈判的重点。主要做法：一是建立更紧密的促进跨境数据流动的机制安排。英国在 2022 年 7 月与韩国达成数据共享协议，由此可以不受限制地进行数据传输；与美国在 2023 年 6 月原则性承诺建立数据桥（U.S.-UK Data Bridge）；2023 年 7 月加入全球跨境隐私规则（CBPR）论坛，成为该论坛首个非 APEC 经济体，为英国企业与其他参与国企业之间传输数据创造了更自由的监管环境。二是以标准兼容增强互操作性。各国关于跨境数据流动的监管差异较大，仅标准合同条款，全球目前就有超过 20 个模板，标准互操作对于降低企业合规成本至关重要。2023 年 7 月，欧盟与拉丁美洲和加勒比地区建立数字联盟，数字身份、电子签名和相关的互操作性是重要合作内容。三是对政府获取私营部门数据可能造成的隐私泄露给

---

① 充分性决定是欧盟《通用数据保护条例》（GDPR）提供的跨境传输个人数据的工具之一。若欧盟委员会评估认为第三国提供的个人数据保护水平与欧盟相当，则可以做出"充分性决定"的认定，允许个人数据从欧洲经济区自由流向第三国，而无须附加额外的条件或授权。

予更多关注。2022 年底，OECD 成员签署《关于政府访问私营部门持有的个人数据的宣言》，确立了有关法律依据、合法目标、批准、数据处理、透明度、监督和救济等七项原则，这些原则在 G7 实施可信赖的数据流动愿景（DFFT）中被再次确认，同时也构成了 2023 年 7 月欧盟—美国数据隐私框架（DPA）的关键要件，其核心是为欧盟公民的隐私安全提供更有力的保障机制和申诉渠道，促进可信任的跨境数据流动。

人工智能日益成为国际监管合作的热点。在生成式人工智能快速发展与部署的背景下，因开发不当、缺少常规管理手段而可能导致的风险，如隐私泄露，受到越来越多的关注。即便如此，各国依然更看重前沿技术对全球经济所带来的巨大推动力，并将发展与监管合作作为规则制定的重点，倾向于采用开放式的、基于原则的方法，也即鼓励各方在核心原则上达成共识，而不是规定具体的法律细节。2023 年 2 月，欧盟和印度贸易和技术理事会（TTC）发布联合声明，双方同意建立战略技术、数字治理和数字互联互通工作组，处理人工智能领域的研发、能力建设和监管问题。同年 6 月，英国与新加坡签署关于新兴技术的谅解备忘录[①]，确定可信赖的人工智能技术标准，以促进该领域的商业合作。

3. 更加重视政府监管一致性合作

数字贸易是国际贸易从生产端到消费端的数字化转型，参与主体和涉及环节众多，人工智能、区块链等数字技术在其中发挥重要作用。但由于监管是分散的，甚至同一国家的不同机构间的监管方式也不同，加强政府间监管协调对于避免监管碎片化带来的贸易摩擦至关重要。2023 年 6 月，英国与新加坡签署关于数据合作的谅解备忘录，将通过建立政府间战略对话机制，分享国内数据监管、保护和国际数据转移的做法和经验，同时通过规则标准兼容，为数字贸易发展与合作创造可互操作的制度政策环境。

---

① 英国与新加坡共签署两份谅解备忘录，分别为《新兴技术谅解备忘录》和《数据合作谅解备忘录》。

（四）全球数字贸易规则制定面临的挑战

因多边合作亟待进一步加快推进、各平台进展不一，叠加地缘政治博弈影响，全球数字治理碎片化风险加剧，亟须共同应对。

1. 规则的兼容性不足，可操作性不及预期

数字贸易规则的有效性，在很大程度上体现为全球范围内的互联互通和互操作性。当前，数字贸易相关协定及非约束性制度安排大量涌现，在规则议题和内容表述上趋同，但机制设计和实施保障等方面不到位，使得全球范围内的制度联通、政策对接与监管协调并没有得到明显改善，反而增加了市场主体的合规成本。以跨境数据流动为例，CPTPP、RCEP 和专门的数字贸易安排，均要求成员国允许"通过电子方式跨境传输信息"，同时也允许各国维持监管措施以实现"合法的公共政策目标"。但是，各国关于"合法公共政策目标"和国内敏感部门的界定往往存在差异，难以达成共识或在实际执行中容易引发争端，从而可能导致数据流动受限。与此同时，国际上就数字贸易统计存在分歧，各协定关于"跨境数据传输""数字服务""数字身份"等界定还存在不一致，进一步限制了规则的广泛适用。

此外，同一协定各条款间也存在相关性，如跨境数据流动与数字产品非歧视待遇及接入和使用互联网原则等条款的义务要求有交叉重合，且与各方的服务贸易市场准入承诺密切相关，在不同议题上的开放承诺不同，也可能制约贸易自由化便利化水平的提高。

2. 核心规则上诉求差异明显，可能出现"圈层化"趋势

跨境数据流动是数字贸易发展的重要前提及规则制定的核心议题，事关各国个人隐私、数据安全、国家安全与网络犯罪监管等，很难用统一规则满足各国不同的监管诉求。虽然部分国家就跨境数据流动的规则制定取得一定进展，但全球范围内仍未达成广泛共识。在全球普遍将数据作为重要战略资源加以保护、竞争加剧和国际互信明显不足的背景下，不少国家更加强调数据主权、网络主权等。欧盟正式提出数字主权概念，寻求以规则引领缓解发展制约、降低对外依赖；其他国家虽未明确提出该概念，但类似维护安全的做法广泛存在，国际开放谈判环境受到挑战，协调难度更大。

多边谈判平台强调广泛参与及利益协调一致，最终可能达成较低水平的共识，发达国家更愿选择"小多边"谈判以推动深度合作。从实际效果上看，发达国家内部的数据联通水平明显较高，美中贸易全国委员会（USCBC）2021 年的数据显示，跨大西洋电缆传输的数据流量比跨太平洋线路多 55%，比美国和拉丁美洲间的数据流量多 40%。若各方诉求差异难以及时有效弥合，未来跨境数据流动的"圈层化"可能成为事实，多边数字贸易治理的难度将进一步加大。

3. 数字鸿沟短期难以弥合，制约发展中国家深度参与

数字经济与数字贸易为发展中国家融入经济全球化、参与国际分工合作提供了新机遇，成为促进全球数字红利转化和实现可持续发展目标的重要路径，但发展中国家数字经济发展与治理能力不足，限制了这一潜力的充分释放。一方面，对全球规则制定的参与度有待提升。UNCTAD 研究显示，在 WTO 电子商务谈判的 86 个参与方[①] 中，规则议题主要由美国、欧盟、加拿大、英国、日本和新西兰等发达国家和地区提出，中国等也在其中发挥积极作用，但仍有 30 个发展中国家未提交任何提案。如果规则制定过程中，无法充分反映发展中国家诉求并给予针对性解决方案，就难以达成更广泛的共识、推动更大范围的数字贸易合作。另一方面，规则执行的有效性仍待提升。如，全球电子商务谈判及数字贸易协定均要求签署国执行本国关于垃圾邮件、隐私和消费者保护等政策的规定，其执行有赖于签署国本身已经在互联网或数字治理方面积累了长期经验，但部分发展中国家缺乏数据保护等立法，也面临执法能力和意愿不足等问题，规则执行仍有提升空间。

4. 技术快速发展，监管与创新难以取得有效平衡

数字贸易发展带有明显的技术驱动性，数字赋能推动贸易业态和模式快速迭代，在规则制定过程中，由于各国技术发展水平差异较大、对技术走向及可能的风险挑战

---

① 截至 2023 年 8 月。

认识不一，各方在平衡发展与安全、创新与监管上的态度各不相同，数字贸易规则走向和能否有效执行也存在不确定性。例如，泛化"国家安全"概念，使全球数字贸易活力受到抑制；以"隐私保护"为由对数据收集、处理、传输的限制超出必要的水平，对市场创新造成不利影响。

存在上述问题和挑战的原因，主要有四个方面：一是人工智能等技术变革深刻影响传统的贸易模式和商业逻辑，商品流、信息流、资金流不再简单匹配，行为主体、责任主体、法律主体可能出现分离，难以客观精准地确定规则的治理对象和边界。二是数字贸易涉及领域广、内容新，特别是业态发展快、模式差异明显、更新迭代迅速，大大提升了监管要求与创新难度，就数字贸易、数字产品、数据流动和电子传输等基础概念和范围界定难以达成共识，规则谈判缺乏必要的前提。三是主要经济体核心关注不同，利益分歧难以弥合，发达国家更强调扩大市场准入、减少贸易壁垒，以服务其企业全球扩张的发展需要；绝大多数发展中国家面临"数字鸿沟"，在监管能力、产业基础、规则话语权上与发达国家存在较大差距，更关注贸易便利化层面的开放发展、中小微企业权益保护等。四是数字贸易规则在议题范围和承诺深度等方面远超以往，需要各国在经济利益和监管权力上做出妥协；不仅涉及各国间的治理分歧，还需要解决企业、消费者等不同主体多样化甚至相互冲突的规则诉求，单一谈判取得实质性突破的难度较大。

四、中国数字贸易发展新态势

（一）中国数字贸易增速位居世界前列

1. 跨境数字服务贸易发展势头良好

中国数字服务贸易保持增长。2022 年中国数字服务进出口总值约为 3711 亿美元，同比增长 3.2%，占服务进出口比重 41.7%。其中，数字服务出口值约为 2089 亿美元，同比增长 7.2%，超过世界平均水平；数字服务进口值约为 1622 亿美元，同比下降 1.6%（见图 1–22）。

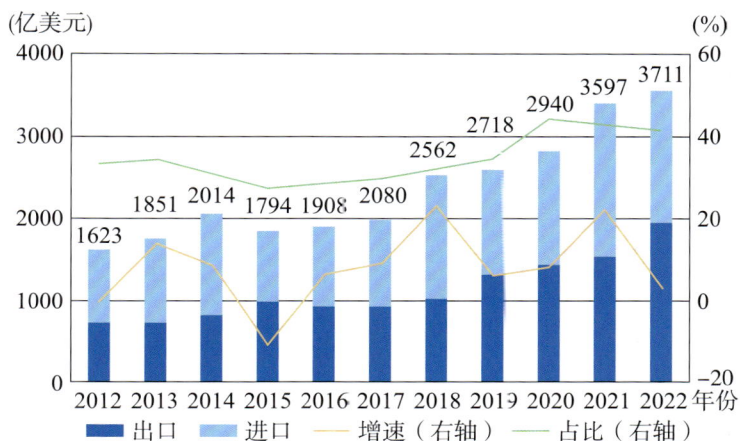

图 1–22 2012—2022 年中国数字服务贸易规模、增速和占比

资料来源：课题组基于 WTO 数据计算。

中国数字服务贸易国际竞争力进一步增强。从国际排名看，中国数字服务贸易进出口规模排在世界第 5 位，出口和进口规模均排在第 6 位。从国际市场占有率看，中国数字服务出口占世界的 5.1%，同比上升 0.2 个百分点。从贸易顺差看，中国数字服务贸易继续保持顺差，净出口规模达 467.5 亿美元，同比增长 55.8%（见图 1–23）。中国数字服务贸易发展的基础好、潜力足，拥有最大规模的网民数量，相对丰富的数据资源，形式多样的数字化应用场景，在新冠疫情期间较好地实现了转型升级。

图 1–23 2012—2022 年中国数字服务净出口规模和占比

资料来源：课题组基于 WTO 数据计算。

中国知识产权使用费在细分数字服务贸易中增速领先。出口方面，知识产权使用费、其他商业服务、ICT服务增长最快，分别同比增长13.3%、7.9%和7.7%；保险服务、个人文娱出现较大幅度下降，分别同比下降14.4%和6.5%（见图1-24）。进口方面，保险服务增长最快，同比增长30.2%；其他细分数字服务进口均出现下滑，特别是个人文娱服务进口下降了20.1%。中国对技术创新和知识产权保护的重视程度不断提升，为企业研发创新和对外输出技术能力创造了良好的条件，使得知识产权使用费出口增速在6类细分数字服务出口中处于领先地位，甚至高于ICT服务。

图1-24　2020—2022年分领域数字服务贸易发展

注：2022 VS 2019指2022年较2019年的增长。
资料来源：课题组基于WTO数据计算。

中国数字服务贸易相关领域业务飞速发展。中国商务部提出，要积极支持数字产品贸易，持续优化数字服务贸易①，稳步推进数字技术贸易，积极探索数据贸易。在数字产品贸易方面，中国文化产品国际影响力持续增强，2022年中国网络文学累计向海外出口网文作品16000余部，海外用户超过1.5亿人，覆盖200多个国家和地区②。在数

---

① 这里的数字服务贸易与上文的数字服务贸易有所区别，主要指需要较多互动的线上服务，如在线教育、在线医疗等。

② 中国作家协会。

字服务贸易方面，中国数字服务平台持续健康发展，电子商务、跨境支付、卫星导航、工业互联网等领域企业对外输出服务能力持续增强。在数字技术贸易方面，中国软件业务出口稳步增长，2022年软件业务出口规模为524.1亿美元，同比增长3.0%，软件外包服务出口同比增长9.2%。在数据贸易方面，中国数据基础制度加速构建，北京、上海等地打造国际大数据交易所，数据贸易相关制度、技术条件更加完善。

2. 附属机构数字服务贸易稳步增长

企业业务层面，中国头部互联网企业把出海摆在越来越重要的地位。本报告通过对18家中国代表性上市互联网企业年度财报数据进行分析发现，部分国内数字企业出海已取得初步成效，2022年海外业务收入快速增长，成为推动增长和分散风险的有效途径，如腾讯国际业务、阿里国际商业、小米境外互联网业务相较上年分别增长了12.0%、13.3%和35.2%（见表1-4）。

表1-4　中国代表性互联网企业国际化发展动向

企业	国际化发展
阿里巴巴	2023财年，阿里国际数字商业集团通过丰富完善的本地和全球商品消费体验，服务数亿海外消费者，触达全球超过4700万名活跃中小企业买家，包括速卖通、Lazada、Trendyol在内的国际业务收入为692.04亿元，同比增长13.3%
腾讯	2022年，腾讯国际市场游戏收入稳步提升，达468亿元，同比增长3%，排除汇率影响及2021年第四季度与Supercell相关的调整后，同比增幅为5%。其中，《VALORANT》表现持续强劲，《胜利女神：妮姬》《夜族崛起》的成功推出带来增量收入
小米	2022年，小米国际业务保持强劲增长势头，全球米柚操作系统（MIUI）月活跃用户数达到5.82亿，同比增长14.4%；AIoT平台连接设备（不包括智能手机、平板及笔记本电脑）数达5.89亿，同比增长35.8%；境外互联网业务全年总收入达68亿元，同比增长35.2%，在整体互联网服务收入中占24%
拼多多	2022年9月，拼多多上线跨境电商平台Temu，名称取自"Team Up, Price Down"，即"买的人越多，价格越低"。上线以来，Temu成长速度惊人，长期居应用商店首位，已在海外多个大洲、12个国家上线，几乎渗透了全球近一半的电商市场

资料来源：课题组整理。

中国互联网企业出海呈现"三大趋势"。一是出海主体从头部企业向中小企业延伸，调查显示，45%的独角兽企业认为海外拓展至关重要，其中82%的企业计划24个月内进军海外[①]。二是出海策略从资本驱动到资本与技术并行，企业出海进程中的技术含金量不断提升，在巨头林立的全球云计算市场，阿里云、腾讯云、华为云的IaaS（基础设施即服务）市场占有率位居全球前列。三是出海产品从工具类向多品类拓展，2022年7月中国出海收入前20的互联网应用已涵盖短视频、游戏、电商、金融、移动出行等多个领域[②]，已不再局限于早期的杀毒软件、浏览器等。

中国数字领域对外投资合作保持大体稳定。2022年，我国克服外部环境的不利影响，对外投资稳中有进，全行业对外直接投资折合1465亿美元，增长0.9%，对外非金融类直接投资1168.5亿美元，增长2.8%[③]。安永整理数据显示，2022年中企宣布的海外并购中，电信、媒体和科技（TMT）行业的交易金额排名第一，主要并购地区为亚洲（42%）和欧洲（46%）。

3. 跨境电商规模结构持续优化

跨境电商进出口规模再创新高。据中国海关统计，2022年中国跨境电商进出口规模约为2.1万亿元，同比增长7.1%，占全国货物贸易进出口总值的4.9%。其中，出口额约为1.53万亿元，增长10.1%，占全国出口总值的6.4%；进口额为5278亿元，下降0.8%，占全国进口总值的2.9%（见表1–5）。

跨境电商贸易市场结构更趋多元。主要贸易伙伴仍集中于美、澳、法、英等发达国家，但是与泰国、菲律宾、越南等新兴市场国家的贸易开始稳步增加。从出口前五大目的地看，美国市场占34.3%，英国占6.5%，德国占4.6%，马来西亚占3.9%，俄罗斯占2.9%，此外还有新加坡、日本、加拿大、法国、泰国、菲律宾等国家。从进口来源地看，日本占我国跨境电商进口总额的21.7%，美国占17.9%，澳大利亚占10.5%，

---

① 埃森哲。

② data.ai.

③ 中国商务部。

表 1-5　2019—2022 年中国跨境电子商务进出口情况

年份	金额（亿元）			同比（%）			进口比例
	进出口	出口	进口	进出口	出口	进口	
2019 年	12903	7981	4922	22.2	30.5	10.8	1.6
2020 年	16220	10850	5370	25.7	39.2	9.1	2.0
2021 年	19237	13918	5319	18.6	28.3	−0.9	2.6
2022 年	20603	15324	5278	7.1	10.1	−0.8	2.9

注：课题组基于海关总署数据对 2022 年进出口和出口规模进行了推算。
资料来源：海关总署。

法国占 7.5%，来自韩国、德国、英国、印度尼西亚、泰国、越南等贸易伙伴的货物，也通过跨境电商进入中国大市场。

跨境电商综试区创新高地作用凸显。截至 2022 年底，国务院已先后分七批设立 165 个综试区，覆盖 31 个省区市，基本形成了陆海内外联动、东西双向互济的发展格局，有力推动了业态创新发展，发挥了示范引领作用。一是规模占比高，各综试区跨境电商进出口额在我国跨境电商进出口额中的占比超过九成。二是主体质量持续优化，各综试区跨境电商相关企业约 20 万家，其中被认定为高新技术企业的企业超过 9300 家。三是产业配套日趋齐全，各综试区积极建设跨境电商产业园，丰富各类配套设施，涌现了一批支付、物流、营销等环节的专业服务商。

跨境电商配套服务不断优化完善。中国围绕跨境电商企业主体需求，优化出台新的贸易政策，完善配套服务，助力企业降本增效、解决问题，持续提高外贸综合竞争力。一是支持海外仓发展，利用外经贸发展专项资金和服务贸易创新发展引导基金等支持海外仓建设，优化跨境电商出口海外仓监管模式备案。二是推进线上综合服务平台建设和功能优化，把通关、税收、金融、海外仓储等功能集成于一体，目前已为超过 6 万家跨境电商企业提供服务。三是打造了适合跨境电商特点的海关监管模式，在原有"企业对个人（B2C）"的基础上，推出了更好服务于"企业对企业（B2B）""企业对企业对个人（B2B2C）"的监管政策。四是加强合规经营引导，加快出台跨境电商知识产权保护指南，帮助跨境电商企业了解目标市场知识产权情况。

（二）中国积极推动数字贸易创新发展与国际合作

数字贸易在贸易方式上创新、在范围上拓展、在效率上跃升，展现出巨大活力和潜力，对带动我国传统产业加快实现数字化转型、推动我国数字领域新兴产业加快融入全球产业体系起到重要作用，已成为我国数字经济和服务贸易发展的重要领域和新引擎。中国加快顶层设计，着力推动数字贸易创新发展，持续改善制度和市场环境，积极推动数字贸易开放发展与互利合作。

1. 对数字贸易发展的重视程度进一步提升

一是国家加强数字贸易发展顶层设计。习近平总书记高度重视服务贸易数字化和数字贸易发展，在2020年中国国际服务贸易交易会全球服务贸易峰会上的致辞中指出，"我们要顺应数字化、网络化、智能化发展趋势，共同致力于消除'数字鸿沟'，助推服务贸易数字化进程"[①]；在2021年致辞中进一步提出，"加强服务领域规则建设，支持北京等地开展国际高水平自由贸易协定规则对接先行先试，打造数字贸易示范区"[②]。2022年《政府工作报告》中首次列入数字贸易，强调"创新发展服务贸易、数字贸易，推进实施跨境服务贸易负面清单"。《中华人民共和国国民经济和社会发展第十四个五年规划和2035年远景目标纲要》提出，要"创新发展服务贸易，推进服务贸易创新发展试点开放平台建设，提升贸易数字化水平"。2022年党的二十大报告提出建设贸易强国，把货物贸易、服务贸易和数字贸易视为三大支柱，将数字贸易重要性提升至新高度。

二是各部门在专项规划中促进数字贸易发展。在"十四五"专项工作规划中，各部委将数字贸易作为重点内容，加快推进政策体系完善、实施数字强贸工程。在服务贸易规划中，2021年10月，商务部等部门发布的《"十四五"服务贸易发展规划》提

[①] 习近平：《在2020年中国国际服务贸易交易会全球服务贸易峰会上的致辞》，新华社，2020年9月4日。
[②] 习近平：《在2021年中国国际服务贸易交易会全球服务贸易峰会上的致辞》，新华社，2021年9月2日。

出，大力发展数字产品贸易、数字服务贸易、数字技术贸易、数据贸易，建立数字贸易示范区，建立健全数字贸易治理体系。2021年11月，商务部发布《"十四五"对外贸易高质量发展规划》，提出加快贸易全链条数字化赋能、推进服务贸易数字化进程、推动贸易主体数字化转型、营造贸易数字化良好政策环境等重点任务，实施数字强贸工程，提升贸易数字化水平。

在数字经济和信息化规划中，着重对数字贸易创新发展和开放合作作出部署。2021年12月，中央网络安全和信息化委员会印发《"十四五"国家信息化规划》，提出实施数字贸易开放合作行动，开展数字贸易先行示范，扩大数字贸易市场对外开放，健全数字贸易统计制度等发展支撑体系，探索监管创新容错机制，到2023年数字贸易服务能力显著增强，到2025年数字贸易服务体系基本形成。2022年1月，国务院印发《"十四五"数字经济发展规划》，提出要加快贸易数字化发展，营造贸易数字化良好环境，探索放宽数字经济新业态准入。

在重点行业规划中，推动电信业务开放、跨境电商和数字文化贸易发展。2021年10月，商务部等部门印发的《"十四五"电子商务发展规划》提出，推进跨境电商综试区建设、跨境电商交易全流程创新以及"丝路电商"国际合作，到2025年跨境电子商务交易额预计达到2.5万亿元。2021年11月，工业和信息化部印发的《"十四五"信息通信行业发展规划》提出，发挥自由贸易试验区、自由贸易港示范引领作用，有序扩大电信业务对外开放。2022年7月，商务部等部门发布《关于推进对外文化贸易高质量发展的意见》，提出大力发展数字文化贸易、提升文化贸易数字化水平，鼓励数字文化平台国际化发展、创新发展数字内容加工、发挥平台载体赋能作用、加快培育一批数字文化产业贸易创新人才等重点任务。

2. 着力营造开放包容的数字贸易发展环境

一是持续提高数字服务领域开放水平。在贸易投资领域，中国坚定不移扩大高水平对外开放，积极实施和推广负面清单管理模式，持续优化《外商投资准入特别管理措施（负面清单）》，2021年7月发布《海南自由贸易港跨境服务贸易特别管理措施

（负面清单）（2021 年版）》，明确列出针对境外服务提供者的 11 个门类 70 项特别管理措施，凡是在清单之外的领域，在海南自由贸易港内，对境内外服务提供者在跨境服务贸易方面一视同仁、平等准入，开放度、透明度、可预见度大大提高，数字贸易自由化便利化水平将进一步提升，为外资企业发展提供了新机遇和广阔发展空间。此外，各地还利用自由贸易区（港）、跨境电商综试区等各类开放合作试点平台，加大对数据跨境流动等的压力测试力度，加快探索完善数字贸易监管机制。

二是加强数字贸易公共服务体系建设。2021 年 11 月，商务部等部门印发《关于支持国家数字服务出口基地创新发展若干措施的通知》，提出推进新型基础设施建设、建设数字贸易公共服务平台、优化数字营商环境、建立完善统计体系等服务体系建设举措。2022 年 3 月，海关总署等部门启动促进跨境贸易便利化专项行动，北京、上海、天津、重庆、杭州、宁波、广州、深圳、青岛、厦门等 10 个城市参加，打造优化口岸营商环境示范高地和标杆城市，促进跨境电商等数字贸易新业态发展。

三是持续优化国内数字治理环境。数据基础设施信息安全方面，国务院 2021 年 7 月发布《关键信息基础设施安全保护条例》，进一步明确了关键信息基础设施相关数据合规要求。2021 年 9 月开始施行的《中华人民共和国数据安全法》，进一步规范了数据跨境流动原则规则，保障跨境数据的依法有序自由流动。2023 年 8 月，国家互联网信息办公室发布《个人信息保护合规审计管理办法（征求意见稿）》和《个人信息保护合规审计参考要点》，旨在指导、规范个人信息保护合规审计活动，保护个人信息权益。消费者隐私保护方面，全国人大常委会 2021 年 8 月通过的《中华人民共和国个人信息保护法》，完善了个人信息保护应遵循的原则和个人信息处理规则，明确了个人信息处理活动中的权利义务边界。公平竞争方面，2022 年 6 月对《中华人民共和国反垄断法》进行修订，对平台经济领域的竞争行为进一步规范，以保障数字市场的公平有序竞争；2023 年，市场监督管理总局修订《制止滥用行政权力排除、限制竞争行为规定》《禁止垄断协议规定》《禁止滥用市场支配地位行为规定》《经营者集中审查规定》，明确了平台经济领域相关市场的界定原则，提升了对平台经济领域竞争行为规制的适用性。公共数据方面，2022 年 6 月《国务院关于加强数字政府建设的指导意见》发布，提出提升数字贸易跨境监管能力、形成数字治理新格局。新兴技术应用方面，2023 年 7 月，国家互联网信息办公室联合七部门发布《生成式人工智能服务管理暂行办法》，明确生成式人工智能的法律底线，构建精细化治理体系，推动生成式人工智能服务健康有序发展。

3. 各地积极推进数字贸易快速健康发展

近两年来，各地积极营造良好政策环境，基于本地产业和区位优势，结合自由贸易试验区等试点工作加快探索数字贸易创新发展路径。

多地制定促进数字贸易发展的规划或行动方案。截至 2022 年 8 月，全国副省级以上行政区域已发布数字贸易专门政策文件 7 项，其中 4 项为近一年内发布；另外，各地在数字经济等相关规划中积极部署推动数字贸易发展。2021 年 10 月，北京发布《北京市关于促进数字贸易高质量发展的若干措施》，积极搭建数字贸易服务平台，推动跨境数据流动，提升数字贸易便利度。2021 年以来，浙江印发《关于大力发展数字贸易的若干意见》《浙江省数字贸易先行示范区核心区建设方案》，对打造全球数字贸易中心进行部署，要继续挖掘数字贸易先发优势，先行开展数字贸易规则研究和标准体系建设等。2022 年 1 月，广东发布《广东省推动服务贸易高质量发展行动计划（2021—2025 年）》，提出逐步构建与国际通行规则相衔接的服务业开放体系，目标是 2021 年至 2025 年数字贸易额年均增长不低于 15%。

积极探索跨境数据流动，建设数据交易市场，建立健全地方性法规体系。截至 2022 年 8 月，各地已出台数字经济地方性法规 30 部，其中 2021 年 7 月以来出台 14 部，占比近一半。如上海 2021 年 11 月发布《上海市数据条例》，在浦东新区设立数据交易所并投入运营，依托中国（上海）自由贸易试验区临港新片区推进国际数据港建设。重庆 2022 年 3 月出台《重庆市数据条例》，依托中新（重庆）等国际互联网数据专用通道，推动国际数据港建设。浙江积极落地浙江大数据交易中心、杭州国际数字交易中心等项目，加快探索数据国际交易市场。海南积极培育跨境数据要素市场，探索建设跨境数据流动监管体系，开展国际数据中心服务试点。

积极推动数字贸易创新试点，以加快改革开放探索释放发展新动能。在商务部等指导下，中关村软件园、浦东软件园等 12 家重点园区成为首批国家数字服务出口基地，目前正在加大探索力度、先行先试，努力打造推动服务贸易高质量发展的重要载体平台。截至 2022 年 3 月，全国建立 132 个跨境电商综合试验区，实施一系列改革举措及税收优惠政策，促进了各地跨境电商快速发展；商务部支持设立全国 31 家市场采购贸易试点，加快推进跨境服务贸易新业态发展，2021 年中国跨境电商进出口总额接近 2 万亿元。

加快数字贸易便利化措施落地，促进数字贸易快速增长。跨境电商规模持续扩大，对通关效率要求进一步提高，各地在通关便利化、贸易管理数字化上不断加大改革和创新力度。例如，浙江省综合集成海关、税务、外汇、商务等部门数据信息，建设数字贸易"单一窗口"——数字化综合服务平台，以实现数字贸易管理服务的精准化、高效化。辽宁省大连海关将"云签发"证书扩展到出口商品全部 16 大类证书，办理时间由 1 天缩短为 10 分钟以内，大幅提升了跨境电商物流效率。广东省实施数字贸易工程和通关便利化改革工程，启动粤港澳大湾区全球贸易数字化领航区建设，推动数字技术向贸易全链条应用渗透，2021 年全省数字贸易进出口额超过 800 亿美元，增速超过 20%。

4. 积极推进数字贸易国际开放合作

为全球数字贸易发展与合作贡献智慧和力量。2017 年中国发布《网络空间国际合作战略》，阐释以合作共赢为核心的数字发展理念，倡导以和平、主权、共治、普惠作为网络空间国际交流与合作的基本原则，以规则为基础实现网络空间全球治理，共同构建和平、安全、开放、合作有序的网络空间，建立多边、民主、透明的全球互联网治理体系。2020 年中国提出《全球数据安全倡议》，倡导各方共建网络空间命运共同体。2021 年，习近平主席在出席第七十六届联合国大会一般性辩论时提出"全球发展倡议"，强调面对新冠疫情带来的严重冲击，要坚持发展优先、普惠包容等核心原则，共同推动全球发展迈向平衡协调包容新阶段，在坚持行动导向中，要重点推进数字经济等领域合作。①

加快推进"数字丝绸之路"建设。中国正与各方一道，持续将数字贸易"合作共赢"的理念付诸实际行动。"数字丝绸之路"是共建"一带一路"倡议的重要组成部分，截至 2022 年 7 月，中国已与 16 个国家建立"数字丝绸之路"合作机制，与 23 个国家建立"丝路电商"双边合作机制，与周边国家累计建设 34 条跨境陆缆和多条国际海缆。中国与东盟的数字经济合作持续深化，2022 年 1 月第二次中国—东盟数字部长会议通过《落实中国—东盟数字经济合作伙伴关系行动计划（2021—2025）》，双方就加强数字政策对接、新兴技术、数字技术创新应用、数字安全、数字能力建设合作等达成共识。

金砖国家数字经济合作开启新进程。2022 年 6 月金砖国家领导人第十四次会晤通过《金砖国家数字经济伙伴关系框架》，就深化数字认证、电子支付、电子交易单据、数据隐私和安全、网上争端解决等前沿数字经济领域的合作达成共识，相关各方将通过务实行动推动框架落实。

积极参与数字贸易国际治理。中国积极推进多双边数字贸易规则协调，截至 2022 年 8 月，中国已与贸易伙伴签订 12 份包含跨境电商等数字贸易专章的贸易协定；中国积极参与推进世界贸易组织多边电子商务规则谈判，与各方共同推动第 12 届部长级会议通过《关于〈电子商务工作计划〉的部长决定》，就重振电子商务规则协调工作、重视发展维度、延长电子传输临时免征关税期限等达成系列共识成果。中国于 2021 年 9 月申请加入 CPTPP，于 2021 年 11 月申请加入 DEPA，充分体现了中国与高标准国际数字规则兼容对接、拓展数字经济国际合作的积极意愿，是中国持续推进更高水平对外开放的重要行动。DEPA 成员国欢迎中国申请加入，赞赏中国为加入协定所做的努力，2022 年 8 月作出了成立中国加入 DEPA 工作组的决定，围绕跨境数据流动等重点议题开展磋商。

---

① 习近平：《坚定信心 共克时艰 共建更加美好的世界——在第七十六届联合国大会一般性辩论上的讲话》，新华社，2021 年 9 月 21 日。

五、数字贸易中的跨境数据流动

数据是数字经济时代重要的生产要素，跨境数据流动是开展数字贸易的前提条件。2022 年，全球跨境数据流动规模保持高速增长态势，区域流动的多中心化趋势凸显，亚洲和金砖国家带宽容量和增速表现亮眼。在数据本地化政策多维交织的复杂态势下，全球跨境数据流动政策制定和国际合作势头不断增强，多边、区域等国际机制持续深化核心议题讨论，提升国际政策的协调性和包容性成为各方关注重点。

（一）跨境数据流动对国际经贸发展至关重要

夯实数字贸易发展基础，拉动全球经济增长。一是跨境数据流动使得数字服务贸易可跨越地域限制实现远程线上交付，如数字医疗、在线办公、在线教育等。二是数据通过数字平台在各国生产者和消费者间流动，支撑跨境电子商务蓬勃发展和在线市场高效运营。三是跨境数据流动对数字贸易及经济增长具有明显拉动效应。据麦肯锡估测，数据流动量每增加 10%，将带动 GDP 增长 0.2%。预计到 2025 年，全球数据流动对经济增长的贡献将达到 11 万亿美元。[①]

扩大全球化参与主体，提升国际贸易包容度。一是数据要素推动的数字全球化已成为区域间重要的联系纽带，是数字贸易范围扩大和频次提升的重要原因。二是跨境数据流动可以降低中小企业参与跨境业务所需的最低规模和边际成本，提升其数字贸易参与度，使其能够"生而全球化"。同时，帮助跨国企业建立并维护复杂的全球价值链，有效协调人力资源、研发、生产、销售和售后等流程。[②] 三是助力更多欠发达国家和地区更广泛融入全球贸易网络并从中获益。麦肯锡研究认为，以跨境数据流动为基础的数字贸易对欠发达经济体的经济增长具有显著促进作用。[③]

[①][③]　McKinsey Global Institute.

[②]　OECD.

深刻改变全球化轨迹，重塑全球价值链分工。一是跨境数据流动在传输信息流和知识流的同时，支持商品、服务、资本等的全球流动，促使全球进入超级互联时代，深刻改变参与主体、跨境交易方式和经济利益流向等全球化轨迹。二是推动全球价值链中高端向具有数据要素和数字技术优势的地区和企业转移，形成新的"全球数据价值链"[1]，增加全球化收益新维度，进一步影响国际利益分配格局。三是促进全球产、学、研等创新主体之间的知识共享和协作创新，通过跨境交流信息、研究成果和应用实践，不断推动技术创新突破，进而改变全球价值链分工。

（二）全球跨境数据流动网络多中心化趋势凸显

全球跨境数据流动规模大幅增长，增速持续稳定在高位。进入 21 世纪以来，随着数字全球化深入推进和数字技术的发展及广泛应用，全球跨境数据流动规模持续扩大，总体保持高速增长。从流动规模看，2005—2022 年，跨境数据流动规模从 3554GBPS 扩张至 997301GBPS，增长超 280 倍。从增长速度看，近三年，平均规模增速超 30%，总体处于高位。其中，2020 年由于新冠疫情对跨境数据流动需求的刺激放大作用，增速突破 34%，其余时间段相对比较平稳，2022 年小幅回落至约 27%（见图 1-25）。

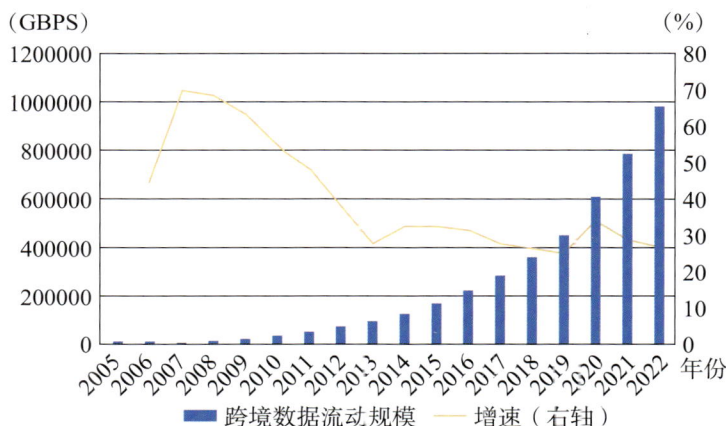

图 1-25　2005—2022 年全球跨境数据流动规模和增速

资料来源：Tele Geography。

---

[1]　Nguyen，D. and M. Paczos.

北美容量规模仍全球领先，但中心地位有所下降。从区域间连接的国际带宽容量看，北美地区的份额明显缩小。2022 年，北美的容量规模虽仍位居全球首位，但其区域间国际带宽容量的份额从 2013 年的 38% 持续下降至 2022 年的 28%。欧洲地区的份额逐步接近北美，2022 年达到 26%。非洲、中东的全球占比则明显扩大，其中非洲占比从 2% 增长至 5%，中东占比则从 6% 增长至 11%（见图 1-26）。从连接北美的国际带宽容量看，主要地区连接北美的带宽容量在其自身中的占比均在持续下降。2018—2022 年，亚洲连接美国的国际互联网带宽容量在亚洲总国际带宽容量中的占比由 27% 下降至 20%，拉丁美洲和大洋洲分别由 84% 和 59% 下降至 77% 和 46%，欧洲和中东也均有小幅下降（见图 1-27）。

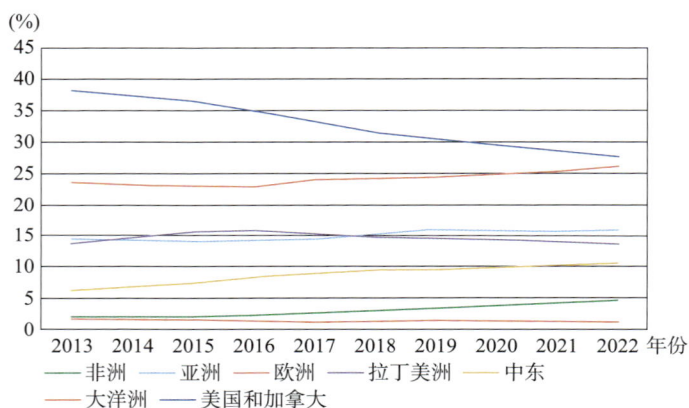

图 1-26　2013—2022 年各区域间国际带宽容量占全球百分比

资料来源：Tele Geography。

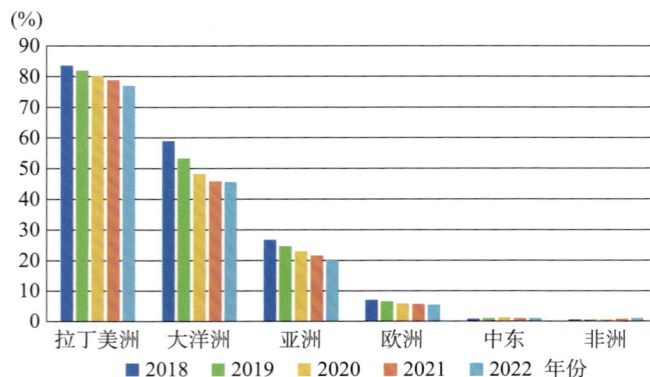

图 1-27　2018—2022 年各区域连接北美的国际带宽容量占自身百分比

资料来源：Tele Geography。

主要区域内部数据流动加强，欧洲、亚洲区域内国际带宽连接超越区域间国际带宽连接。从国际带宽容量规模和增速的排序看，排名最高的均为区域内的国际带宽连接。2022 年容量最高的方向分别是欧洲内部（442TBPS）和亚洲内部（149TBPS），明显高于任何区域间国际带宽容量（见图 1-28）。欧洲作为国际带宽容量最大的区域，2022 年其 73% 的国际带宽容量集中在本区域内部，主要原因是欧洲内部国家众多、互联需求大，且是中东和非洲连接全球互联网的重要转接地。[①]2013—2022 年，复合增长率最高的方向分别是非洲内部（54%）和大洋洲内部（52%），也高于任何区域间的国际带宽容量增长率。从区域内国际带宽容量在自身中的占比看，多数区域呈现持续上升态势。2013—2022 年，亚洲内部国际互联网带宽容量增长迅速，占其总国际带宽容量的份额从 37% 上升至 60%。拉丁美洲、中东、非洲、大洋洲内部的国际带宽容量也在逐步增长，占自身总国际带宽容量的比重分别由 2013 年的 14%、6%、9% 和 7% 提高至 2022 年的 23%、8%、17% 和 27%（见图 1-29）。

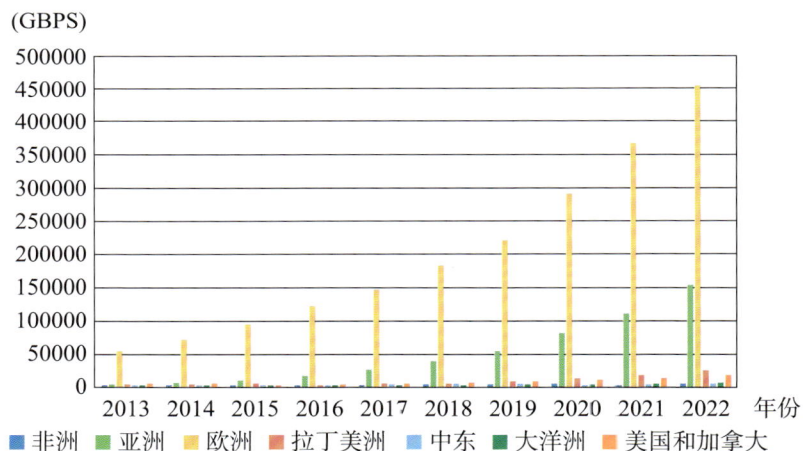

图 1-28　2013—2022 年各区域内国际互联网带宽容量

资料来源：Tele Geography。

① 中国信通院。

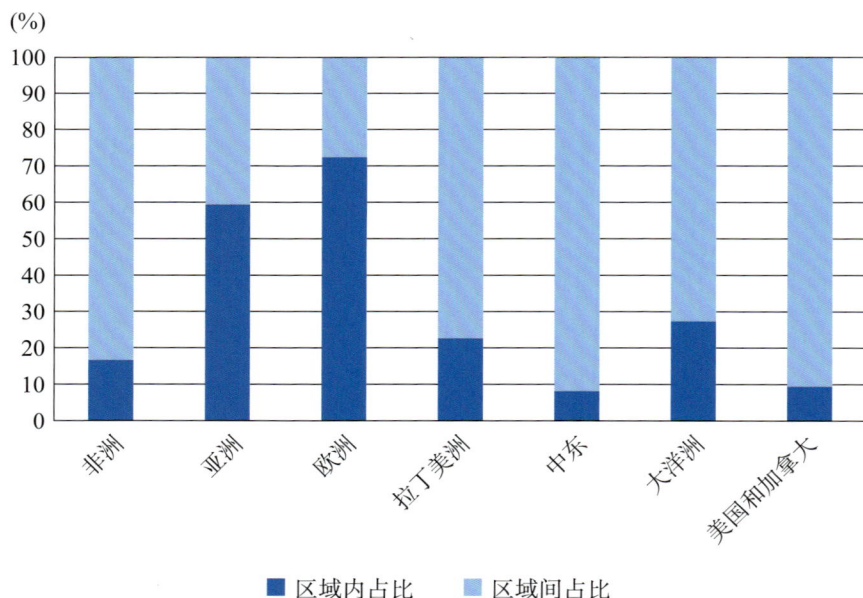

图 1-29 2022 年各区域内和区域间国际带宽容量占自身百分比

资料来源：Tele Geography。

　　金砖国家带宽容量和流量增速均显著超越美、德等发达国家，同时新加坡等亚洲国家表现亮眼。从各国总国际带宽容量的增速看，金砖国家增速显著高于美、德等主要发达国家。2013—2022 年，金砖国家中，中国增长约 14 倍、印度增长约 23 倍、俄罗斯增长约 10 倍、南非增长约 36 倍、巴西增长约 10 倍，远超美国的约 7 倍和德国的 8 倍。从各国实际使用的数据流量规模增速[①] 看，三大亚洲国家增长最快。2018—2022 年，全球年均复合增长率排在前 3 位的国家均是亚洲国家，依次是新加坡（42%）、日本（36%）和中国（33%），它们作为亚洲最大的国际带宽枢纽，其数据流量规模增速明显高于美国（26%）和德国（23%）等传统流量大国。

---

① 包含区域内部产生的跨境流量，使用数据流量平均值表示。

（三）全球跨境数据流动政策讨论持续深化

全球跨境数据流动规模快速增长，同时数据本地化措施多维交织，亟须数据跨境国际政策的协同增效。多边机制持续深化跨境数据流动政策讨论，推动数据跨境国际合作从概念化阶段向机制化阶段迈进。在发达经济体引领核心议题走向的同时，更多发展中经济体积极参与规则构建，各国通过政府间对话、多元主体参与等不同形式，着力推动全球跨境数据流动政策更具协调性和包容性。

数据本地化政策多维交织，亟须促进全球数据治理协同增效。一是全球数据本地化呈现加强趋势。OECD 报告显示，目前至少有 92 项数据本地化措施在 39 个国家实施，其中一半以上是于近五年制定。[①] 而麦肯锡报告显示，75% 的国家已经实施了一定程度的数据本地化措施[②]，措施类型包括要求数据存储在境内但不禁止跨境流动、要求数据存储在境内并附加跨境流动条件、要求数据存储在境内并禁止跨境流动等。二是各国数据本地化政策错综交织，总体限制程度有所提升。从数据类型看，各国通常对个人信用数据、财务数据、健康数据等特定类型数据施加数据本地化要求；从监管目的看，维护网络和数据安全、保护个人隐私、反洗钱等是各国采取数据本地化措施的主要考量。受网络攻击、数据泄露等风险因素影响，全球网络数据安全关切进一步加强，各国数据本地化措施总体更趋于限制性。

"可信数据自由流动"探讨持续深化。2023 年，世界经济论坛（WEF）发布白皮书《从碎片化到协调：跨境数据流动的制度机制方案》提出，2023 年是"可信数据自由流动"实施过程中的重要里程碑，建议从 G7 成员国开始建立一个永久性的新机制，以弥补现有国际机制的不足。七国集团（G7）聚焦数据跨境流动的机制性安排，以推动可信数据自由流动概念落地。在"G7 数字贸易原则"、《可信数据自由流动路线图》和《可信数据自由流动行动计划》基础上，G7 数字和技术部长会议宣布成立

---

① OECD.

② McKinsey & Company.

新的"伙伴关系制度安排"，并在 G7 广岛峰会上予以批准。该制度安排强调以原则为基础、以解决方案为导向，加强数据领域监管合作和数据共享，标志着"可信数据自由流动"进入机制化阶段。二十国集团（G20）数字经济工作组将"可信数据自由流动和跨境数据流动"列为三大核心议题之一，《巴厘领导人宣言》提出将继续致力于进一步实现数据的信任自由流动。2023 年数字经济部长会议重申在尊重适用法律框架的前提下，通过信任实现跨境数据流动的重要性。经济合作与发展组织（OECD）先后发布《跨境数据流动：相关政策和举措盘点》《促进可信数据跨境流动》《推动可信数据自由流动：商业经验的新证据和分析》等报告，对跨境数据流动已有政策、机制和工具进行梳理、分类和评估，为数据跨境监管协调与合作提供政策建议。多边机制之间建立联动路线。可信数据跨境流动等议题在 G7 范围内达成基本共识，并委托 OECD 围绕共识落地的可行性及具体方案进行研究，此后在联合国等传统多边机制下向更多国家宣传推广。

政府获取个人数据国际规范机制取得明显进展。一是达成首个政府间协议。2022 年 12 月，OECD 数字经济部长会议通过并发布了《关于政府访问私营部门实体持有的个人数据的声明》，为成员国政府在遵循各国现有法律框架的前提下基于执法或国家安全目的获取私营实体所持个人数据设定了共同规范框架，确立了适用法律标准、监督和救济措施等七项原则，是解决数据跨境管控分歧的第一份政府间协议。二是美欧重新弥合分歧并达成新的数据隐私框架。2023 年 7 月，欧盟委员会通过了关于欧盟—美国数据隐私框架的充分性决定，个人数据可以安全地从欧盟流向参与该框架的美国公司，而无须采取额外的数据保护措施。欧盟—美国数据隐私框架引入了新的具有约束力的保障措施，包括将美国政府部门对欧盟数据的访问限制在必要范围内，并建立数据保护审查法院。

互操作性相关技术工具和合作模式不断创新。一是"数据空间"创新工具逐渐兴起。国际数据空间协会、欧盟委员会、数据交换协会等国际组织积极推进"数据空间"创新工具，打造以开放和透明标准共享数据的系统，降低数据跨境传输壁垒并促进创新。二是隐私增强技术得以推广应用。2023 年 G7《实施可信数据自由流动的愿景及其优先事项》提出了增强监管方法和工具兼容性的技术配套措施，包括支持发展隐私增强技术（PETs），推广隐私保护数据应用新范式。三是互操作性标准实践逐步清晰。2023 年 G20 数字经济部长会议强调应开放应用程序编程接口（API）及其支持标准，以使不同数字系统进行通信。东盟与欧盟于 2023 年 2 月发布《标准合同条款联合指南》，以帮助企业简化数据传输流程，提高业务效率。四是互操作性国际合作范围持续拓展。2023 年，英国加入 APEC 全球跨境隐私规则论坛（CBPR），成为该论坛自 2022 年 4 月成立以来的首个非 APEC 经济体。阿根廷成为第 23 个批准欧洲委员会隐私和数据保护条约（"108 公约"）修订议定书的国家。

多利益相关方对话机制双轨并行。多边层面，2023 年 5 月，联合国贸易和发展会议（UNCTAD）第六届电子商务和数字经济会议呼吁改变全球数据治理体系的分化现状，强调多利益攸关方参与规则制定，在促进数据自由流动的同时实现可持续发展目标。双边层面，2023 年 3 月，欧盟与拉丁美洲和加勒比地区启动建立数字联盟，核心目标之一是促进多利益攸关方和私营部门在数字领域的合作创新，实现两地区域内更具包容性的数字化转型。

六、数字贸易发展与合作展望

数字贸易作为数字技术赋能的贸易新形态，通过贸易对象的数字化、贸易方式的数字化等方式加速发展，一方面持续向传统领域扩散渗透，不断催生出新领域、新业态，展现出较强韧性和发展动能，成为推动全球经济恢复的重要引擎；另一方面，随着规模的扩大、影响的深入，信息安全和数字鸿沟问题日益突出，在世界不确定性不稳定性增大，全球信任赤字、治理赤字高企的背景下，各国都需要平衡好发展与安全之间的关系。面对数字经济时代发展新趋势、面对全球贸易和经济发展下行压力、面对数字贸易发展的共同诉求和挑战，亟须各国增强合作、携手发展。

（一）国际社会已形成广泛共识，数字贸易发展前景可期

数字贸易是数字经济开放合作的主要发力点。当前新一轮科技革命与产业变革加速推进，数字贸易作为数字技术与国际贸易深度融合的产物，既为经济转型、高质量发展注入了强大新动力，也是国际贸易的主要新增长点，正对贸易模式、贸易对象、贸易结构、贸易格局产生深远影响，对全球数字经济开放与合作的纽带作用日益突出。

各国对数字贸易的重视程度不断加强。世界各国认识到数字化转型是未来经济发展和全球化的趋势和方向，数字贸易是国际贸易的新增长点和开放合作的重点，一方面加大国内战略重视，强化数字贸易基础设施建设、产业配套、前沿技术研发和新业态培育，加强隐私保护和安全监管，以提升自身竞争力。另一方面，致力于推进开放合作，积极参与多边贸易规则制定，开拓国际市场或引入外资借力发展。

数字基础设施和规则环境趋于改善。2022 年使用互联网人口增至 55 亿人，占总人口的 66%，较 2015 年提升了 25 个百分点，接入条件大幅改善。截至 2023 年 5 月底，包含"电子商务"章节的区域贸易协定已达 120 个，涉及约 70% 的世界贸易组织成员，包含数字贸易相关条款的区域贸易协定已达 199 个。

多种利好因素相互叠加。虽然出于国家安全、个人隐私保护、消费者权益保护及维护科技伦理的需要，部分国家加强了国内监管，甚至设置了一定的贸易壁垒，但各国仍将数字化转型发展置于优先位置，政策方向总体仍趋于开放，国际规则制定的总体目标也是在保障安全的前提下促进发展，2022 年数字服务贸易增速放缓很大概率是暂时现象。未来，趋势牵引、技术推动、政策促进和规则保障等效应叠加，数字贸易发展的驱动力将不断增强。

（二）对国内监管和国际规则提出更高要求，数字贸易成为国际规则构筑的重点

推进数字贸易稳健发展，需要平衡好发展与安全的关系。数字贸易发展与数据跨

境流动、网络信息安全密切相关。信息安全是国家安全的重要内容，个人信息与隐私保护是现代文明社会的必然要求；数字经济发展水平和国际竞争力决定着一国未来的综合竞争力，尤其是全球化遇挫、全球数字贸易治理碎片化的背景下，忽视发展将错失发展机遇。国内高水平开放和精准高效监管、国家间的信任建设与监管规则合作至关重要，要求处理好发展与安全、开放与监管之间的关系。

多个区域或双边自贸协定将监管内容条款纳入。WTO 没有针对数字贸易出台专门的国际规则，相关规则多散见于 WTO 框架下的一些协定文本及附件，如《服务贸易总协定》《信息技术协定》《与贸易相关的知识产权协议》《全球电子商务宣言》等。OECD 在 2013 年的一份报告中按单边、双边和多边三个层次列出了 11 种国际监管合作模式，包括分享监管实践经验，签订国际协定、谅解备忘录，互相认可，标准等效性，监管合作伙伴关系等。数字贸易规则制定仍存诸多分歧，但保障贸易公平和便利化受到普遍重视。此外，近年来部分国家在双边和区域力推监管一致性，CPTPP、DEPA 等均设置专门条款，随着现有协定扩员及新协定签署，将对数字贸易规则制定产生更大影响。

主要经济体推进国际监管合作与数字贸易便利化。发达国家在监管一致性议题上更加积极，试图通过对知识产权、投资、国有企业、竞争政策、劳工标准、环境保护、计算设施本地化等边境后措施进行规制，确保竞争优势。中国正积极探索关键信息基础设施保护、数据分类分级管理、数据出境安全评估与科学管理、个人隐私有效保护等，积极参与 WTO 电子商务等相关议题谈判和规则制定，在深化自由贸易试验区改革和加入 RCEP 的基础上，推进加入 CPTPP 和 DEPA 进程，依托共建"数字丝绸之路"推进战略对接、监管务实合作。

（三）保障分享数字贸易机遇，需继续弥合"数字鸿沟"和提升贸易规则包容性

"数字鸿沟"问题仍非常突出。据联合国最新发布的报告，发展中国家互联网普及率不到 60%，远低于发达国家 90% 的普及率，最不发达国家中有 2/3 的人口仍未接入

互联网，全球达 27 亿人。发展中国家在数字经济发展基础、数字贸易竞争力和数字贸易规则构建话语权方面均处于弱势，低收入国家的数字贸易占世界贸易总额的比例低于 1%。为此，联合国常务副秘书长阿米娜·穆罕默德警示"数字鸿沟将成为'不平等的新面孔'"，大大影响发展中国家参与数字贸易。弥合数字鸿沟需处理好发展能力约束和国家安全泛化两大挑战。数字经济存在发展水平差异大、规则兼容性不足、秩序不合理等现象，全球范围内数字贸易发展不平衡、能力不平衡、机会不平衡等问题日益突出。发展中国家获取和发展数字技术、产品和服务面临两大挑战，除了受发展水平所限"愿连而不可得"外，还面临国家安全泛化形成新的贸易壁垒，导致"可连而不愿连"，信任赤字、治理赤字对数字贸易发展的影响日益严峻，需携手提升全球发展和国际规则的普惠性、包容性。

中国主张构建网络空间命运共同体。中方坚持多边主义，坚守公平正义，坚持开放合作和普惠包容，统筹发展与安全，尊重欠发达国家和弱势群体的参与权、发展权，积极弥合数字鸿沟，倡导通过共商共建共享广泛深入推进数字贸易合作，完善全球数字治理体系，制定具有全球可互操作性的数字规则，防止数字治理规则碎片化。为此，广大发展中国家需要凝聚共识、增进信任，携手提升数字贸易规则制定话语权，维护和争取发展和治理的公平合法权益。

（四）跨境数据流动成为关注热点，在推动共享数字贸易红利的同时应避免分化

跨境数据流动仍是未来数字贸易发展合作的重要方面。随着数据作为新型生产要素全面融入全球生产、分配、流通、消费等各环节，跨境数据流动支撑数字贸易发展、重塑全球价值链分工、促进数字跨境合作的作用日益凸显。围绕数据跨境的基本原则、传输内容和管理制度等方面，各国积极完善国内监管政策框架，商签高水平国际数字贸易协定，深化多边机制项下合作讨论。数据联通世界、联结未来，数字时代的国际贸易发展合作仍将聚焦跨境数据流动，以便利高效的数据要素流动为数字贸易发展注

入持久动能。

推动全球共享数字贸易红利需加强跨境数据流动国际合作。一是尊重各国数据监管主权，提高跨境数据流动互信水平；二是寻求最大公约数，增强跨境数据流动互操作性；三是完善数据基础制度，促进数据合规高效地在全球流通使用；四是促进普惠共享，提升跨境数据流动包容性；五是谋求共同安全，打造安全稳定的跨境数据传输网络空间。

避免跨境数据流动"圈层化"才能真正促进全球政策协同。面对各国所处发展阶段不一、数据跨境管理政策缺乏协调等现实情形，基于信任的数据自由流动提供了在不同监管体系之间寻找互补性和融合性要素的数据跨境合作路径，在短期内有助于为各方寻求共识、加强合作开辟"着陆区域"。但从长期看，应避免将"可信"标准封闭化、排他化而导致跨境数据流动"圈层化"，从而与促进全球跨境数据流动政策协调一致的目标背道而驰。各方应合力打造开放包容、普惠共享的跨境数据流动国际环境，实现数据跨境流动经济价值和数字技术创新成果普惠共享，携手推动数字时代互联互通。

（五）主要经济体、国际组织和跨国公司应发挥引领作用，以数字贸易促发展、惠民生

实现数字贸易的公平、包容、普惠发展，需要克服诸多困难。一是需要维护全球数字技术产品和服务的供应链开放、安全、稳定。二是需要确保社会弱势群体获得发展机遇、共享发展红利。三是需要反对技术垄断、商业垄断。四是需要扩大对发展中国家的技术援助、能力援助和资金援助。五是需要建立广泛和有效的政策对接与监管协调机制，推进公正合理的规则体系构建。

主要国家、国际组织和跨国公司需主动参与、推动合作。主要经济体需要发挥引领作用，国际组织需要发挥对话磋商、规则制定的载体平台作用，跨国公司需

要发挥主体推动和示范带动作用，多渠道、多平台、多领域为发展中国家和中小企业、弱势人群提供技能培训和能力建设支持，加快弥合数字基础设施和数字贸易发展鸿沟。

中国支持联合国和多边贸易体制在全球数字治理中发挥主导作用。联合国和世贸组织作为国际体系与规则制定的核心，可就数字发展、全球数字治理的突出问题寻求解决思路，凝聚国际共识，汇聚合力，推动数字贸易规则制定，携手共促数字经济和数字贸易快速、协调、公平发展，促进世界经济走出困境、走向繁荣，造福各国人民。

学术研讨

学术报告一　数字产品非歧视待遇

近年来，随着大数据、云计算、人工智能、区块链等新技术和新应用不断普及，全球数字市场竞争格局加速变革，各国有关数字产品的监管和关税政策也随之持续演进。其中，数字产品非歧视待遇成为数字贸易规则谈判中的重要内容。分析《全面与进步跨太平洋伙伴关系协定》（CPTPP）、《数字经济伙伴关系协定》（DEPA）等数字贸易协定中相关条款的背景、主要内涵和核心问题，有助于我们了解数字产品国际规则构建的最新趋势，是研究全球数字贸易规则富有意义的切入点。

一、数字产品非歧视待遇规则的缘起和发展

（一）缘起：WTO 电子商务工作计划

数字产品非歧视待遇条款最早出现于 2003 年美国和新加坡签署的自贸协定，相关内容可追溯至世界贸易组织（以下简称 WTO）电子商务议题下有关"以数字形式交付的内容产品"的系列讨论。20 世纪 90 年代，新一轮科技革命催动国际贸易向数字贸易转型，电影、音乐等传统版权行业产品通过互联网进行数字编码和电子传输，迅捷的网络传播和低廉的分销成本使得数字产品在全球范围内广泛交易。在美国、欧盟等发达经济体推动下，WTO 于 1998 年第二届部长级会议期间启动《电子商务工作计划》，旨在通过多边场合推动实现数字产品非歧视、更好的市场准入和透明的监管体系等发展目标。由于各成员经济发展和互联网普及程度不一，直至 2005 年多哈回合谈判阶段，各成员对数字产品是属于货物还是服务、应适用《关税与贸易总协定》（GATT）还是《服务贸易总协定》（GATS）等核心问题始终未能达成一致。

美国和欧盟的核心分歧进一步阻碍了 WTO 在数字内容产品非歧视待遇和市场准

入方面取得进展：一是关于数字内容产品归属和规则适用方面的分歧。由于美国在数字产品领域具有较强的比较优势，美国认为数字产品属于货物，支持数字产品的非歧视待遇和市场准入适用 GATT 规则。因为在 GATT 框架下，国民待遇和最惠国待遇义务是无条件适用的义务，对数字产品自由化的保障力度更大。相较而言，欧盟认为所有数字产品都属于服务，应适用 GATS 规则，成员在各自减让表作出承诺的业务领域内才需遵守国民待遇和市场准入义务，旨在为其视听领域的监管政策预留空间。二是关于数字产品所涵盖服务类型的分歧。美国主张将数字形式交付的内容产品划分在增值电信服务下，而非只归属于视听服务，并且主张以数字形式交付的任何类型的软件都必须在《信息技术协定》（ITA）或至少在计算机服务项下进行考虑。而欧盟认为，所有数字内容产品都不是电信和计算机服务，而是属于视听服务（商业软件除外）。

（二）发展：规则演进特点

总结来看，在全球贸易协定发展实践中，数字产品非歧视待遇的规则演进呈现两方面特点。一是主要存在于综合性自贸协定和数字经济专门协定中，以 CPTPP 和 DEPA 为典型代表。为延续 WTO 电子商务议题项下的主要关注点并反映数字经济时代特征，CPTPP 等大型综合性自贸协定设置了电子商务章节，并规定了数字产品非歧视待遇条款。与此同时，伴随数字全球化加速推进，主要经济体越来越重视商签数字经济专门协定。例如，2020 年新加坡、智利、新西兰签署的 DEPA，2022 年新加坡与韩国签署的《数字伙伴关系协定》（DPA）都将数字产品非歧视待遇条款纳入。由于 DEPA 成员均是 CPTPP 成员，两个协定中的相关条款完全一致。二是美国、新加坡引领规则走向。截至 2023 年，全球共生效 356 个自贸协定，除上文提及的美国外，新加坡签署的 10 项自贸协定也都涵盖数字产品非歧视待遇规则。相较而言，欧盟、日本、英国等发达经济体和大多数发展中经济体签署的自贸协定基本都未包含该规则，体现出对数字产品实行非歧视待遇的审慎态度。

二、数字产品非歧视待遇规则的核心问题

从国际缔约实践发展来看，不同协定中的数字产品非歧视待遇条款措辞虽略有差异，但规则的主要内容基本一致，包括三个核心问题，即数字产品的界定、非歧视待遇的内涵和范围，以及相关例外情形。下文主要以 DEPA 为例展开分析。

（一）数字产品的界定

根据 DEPA 第 3.1 条，数字产品指供商业销售或传播目的而生产的、可以电子方式传输的计算机程序、文本、视频、图像、录音或数字编码的其他产品。同时该条脚注规定，数字产品不包括金融工具的数字化，也不反映缔约方对于数字产品是属于货物贸易还是服务贸易的看法。具体而言，包括以下五方面界定要素。

1. 数字产品的属性是供商业销售或传播目的而生产

商业性是国际贸易的天然属性。数字贸易以数字技术赋能、以数据流动为关键牵引、以现代信息网络为重要载体、以数字平台为有力支撑，涵盖了丰富的产品、服务和业态模式。与此同时，技术和网络的便利性也引发了侵犯知识产权的非商业性文件共享活动，对数字贸易和产业发展造成负面冲击。例如，互联网用户通过点对点网络（P2P）"共享"受版权保护的音乐、视频等文件，这种做法被许多国家视为非法的文档共享活动。因此，考虑到数字产品盗版成本低、监管难度大的现实情形，要求数字产品是"供商业销售或传播目的而生产"有助于将非法文件共享活动排除在缔约方需承担的义务之外，确保国际协定义务的正当性与严肃性。

2. 数字产品的交付方式是电子传输

根据 DEPA，"电子传输或以电子方式传输指使用任何电磁手段，包括光子手段进行的传输"。由于技术飞速更新迭代，国际上尚未就电子传输的范围达成一致，结合实践来看，包括但不限于通过邮件、即时通信软件、电商平台等方式进行传输。需要指出的是，有无载体并不是数字产品界定的决定性要素，通过电子传输的数字产品既可

能有物理载体，也可能没有物理载体。例如，美国—新加坡自贸协定规定，数字产品包含固定在某种载体上和以电子方式进行传输两种形式，而 DEPA 等协定中对数字产品有无载体没有明确规定。实践中，可以在互联网平台上下载的数字音频、视频等电子文件，也可以再通过刻录、拷贝等方式存储在光盘、U 盘等载体中，但黑胶唱片等无法将音乐内容和载体相分离、只能通过物理载体形式交付的货物，不属于数字产品范畴。联合国贸易和发展会议《2019 年数字经济报告》显示，根据 HS 编码（海关编码），有物理载体的数字产品包括 6 类 49 种，而没有物理载体的数字产品目前尚未有明确统计。

3. 数字产品的范围包括计算机程序、文本、视频、图像、录音制品和其他经过数字编码的产品

WTO 将可数字化的产品分为录音制品、音像制品、视频游戏、计算机软件和文学作品五大类，基本囊括在上述界定范围内。同时，上述界定是非穷尽式列举，"其他经过数字编码的产品"为技术快速迭代可能产生的新业务形态预留了充足空间。尤其是新技术与各行业之间融合发展产生的业务领域，例如物联网、电子商务平台等，如果是供商业销售、通过电子方式传输、经过数字编码等方式，都可能属于数字产品。

4. 数字产品本身可能是货物或者服务

数字贸易的发展扩展了交易对象的外延，当认为数字贸易的交易对象主要是借助数字销售的实体商品时，属于货物贸易范畴，而当认为数字贸易主要是数字化服务时，属于服务贸易范畴。由于技术变革进一步模糊了货物和服务的边界，目前国际上对数字产品是货物还是服务尚未达成一致。因此，DEPA 第 3.1 条脚注强调，非歧视待遇规则不反映缔约方对于数字产品是属于货物贸易还是服务贸易的看法。

由于 WTO 多边规则是双多边自贸协定和数字经济协定的基础，从影响来看，如果将数字产品归属于货物贸易，将以 WTO《关税与贸易总协定》（GATT）为规则基础，除了特定情形之外，WTO 成员不能对从其他成员进口的产品实施除关税、国内税和其他费用之外的禁止和限制措施。如果将数字产品归属于服务贸易，将以 WTO《服务贸易总协定》（GATS）为规则基础，各成员需结合各自减让表中对数字产品作出的开放承诺，来判断对境外数字产品的市场准入和监管政策是否符合非歧视待遇原则。

5. 数字产品不包括金融工具的数字化表示

金融业是高度依赖信息技术的数字驱动型行业，基金、债券、股票等大多数金融工具都通过电子形式交付，金融工具的数字化实际上属于金融服务的范畴。由于金融服务的复杂性和监管的审慎性，在 CPTPP 等自贸协定中，金融服务通常设置专门章节并规定国民待遇和最惠国待遇义务，金融服务与电子商务属于平行章节。而 DEPA 第 1.1 条规定，除电子支付外，DEPA 不适用于金融服务。因此，将金融工具的数字化表示排除在数字产品之外，体现出了缔约方对金融服务和数字贸易分别设置规则进行规制的考虑。

（二）数字产品非歧视待遇规则的内涵和范围

DEPA 第 3.3 条规定，"任何缔约方给予在另一缔约方领土内创造、生产、出版、签约、代理或首次以商业化条件提供的数字产品的待遇，或给予作者、表演者、生产者、开发者或所有者为另一缔约方的人的数字产品的待遇，不得低于其给予其他同类数字产品的待遇"。具体而言，上述义务可从以下三方面进行理解。

1. 从义务内容来看，非歧视待遇包括国民待遇和最惠国待遇

作为数字经济专门协定，DEPA 未规定国民待遇和最惠国待遇条款，可以参照 WTO 和 CPTPP 等国际经贸规则进行分析。一是国民待遇和最惠国待遇都是"相对"标准。以新加坡为例，国民待遇是指新加坡给予从智利或新西兰进口的数字产品的待遇，不能低于新加坡本国同类数字产品所享受的待遇，是外资和内资之间的比较。最惠国待遇义务是指新加坡给予从智利进口的数字产品的待遇，不能低于新加坡给予从新西兰进口的数字产品的待遇，是外资和外资之间的比较。因此，如果对来源于不同国家的同类数字产品给予差别待遇，将违反非歧视待遇原则。

二是国民待遇和最惠国待遇所涵盖的措施范围需结合协定条款和 WTO 法理进行

综合理解。非歧视待遇条款本身未规定缔约方是否应在市场准入和事中事后监管阶段均给予外资非歧视待遇，判定缔约方是否违反非歧视待遇义务，应当结合协定条款和 WTO 法理进行综合分析。首先，从协定条款看，根据 DEPA 第 1.1 条范围，"协定适用于一缔约方采取或维持的、在数字经济中影响贸易的措施"，而"措施"包括任何法律、法规、程序、要求或做法。因此，理论上所有在数字经济中影响贸易的法律法规或行政行为，都可能落入非歧视待遇义务的范围。其次，从 WTO 案件法理看，可能违反非歧视待遇义务的"措施"涉及对外资企业进口数字产品采取限制、分销服务限制、禁止外资从事特定类型服务等。"待遇"的本质是内外资在同类市场上竞争所享有的条件，"较低待遇"是判定是否违反非歧视原则的核心要素之一。如果一项措施改变了相关市场的竞争条件，对境外数字产品或服务提供者造成损害，则可能会违反非歧视待遇义务。

三是缔约方给予境外数字产品非歧视待遇，可能并不必然突破现行的市场准入开放水平，数字产品的市场准入主要取决于协定中是否有市场准入条款和清单承诺。在 CPTPP 等自贸协定中，数字产品非歧视待遇条款通常规定在电子商务或数字经济章节中，根据 CPTPP 第 14.2 条规定，数字产品非歧视待遇义务应遵守投资、跨境服务贸易和金融服务章节的条款和不符措施。换言之，CPTPP 缔约方对数字产品围绕市场准入、国民待遇、最惠国待遇等义务的限制措施，都被列入了 CPTPP 负面清单。例如，智利负面清单规定，"通过公共（开放）电视频道播放的节目应占智利制作节目的 40%"。新西兰负面清单规定，任何单一海外实体对 Chorus 公司（新西兰的一家电信运营商）持股超过 49.9%，都需获得新西兰政府批准。而在 DEPA 等数字经济专门协定中，均未设置市场准入条款，也没有对应的数字产品清单承诺。因此，一种合理的解释是，数字经济专门协定的目的主要是为促进数字经济发展，制定有关数据跨境流动、计算机设施本地化、标准互操作性等议题的国际规则，而不是打开数字产品国际市场。在缺乏对应的数字产品清单承诺的情形下，DEPA 中数字产品的非歧视义务属于缔约方需遵守的普遍义务。

2. 从义务对象来看，对进口数字产品的界定包括属地标准和属人标准

属地标准是指根据进口数字产品的创造地、生产地、出版地、签约地、代理地或者首次以商业条件提供地等六种活动进行界定。例如，根据 DEPA，如果一个数字产品是在智利或新西兰境内创造、生产、出版等，新加坡则应给予该数字产品非歧视待遇。属人标准是指根据数字产品的作者、表演者、制造者、开发者或者所有人等五种人进行界定。例如，根据 DEPA，如果一款网络游戏的开发者是注册在智利或新西兰境内的企业，新加坡应给予该数字产品非歧视待遇。

3. 从义务范围来看，判定"同类数字产品"的比较基准已扩展到非缔约方

"同类数字产品"是判断缔约方对进口数字产品是否承担国民待遇和最惠国待遇义务的前提，DEPA 将"同类数字产品"的比较基准扩展到了非缔约方。换言之，当一缔约方进口的数字产品与其本国的、其他缔约方的或者其他非缔约方的数字产品属于同类产品时，才有必要比较给予进口数字产品的待遇是否低于给予前述相关数字产品的待遇。如果不是同类产品，缔约方则不需承担国民待遇和最惠国待遇义务。

根据 WTO 规则，对货物贸易中"同类产品"的界定需要进行个案分析，传统上有4项界定标准：一是在既定市场上的产品最终用途；二是消费者的品位、喜好、习惯、对产品的认知及行为反应等；三是产品的物理特性、性质和质量等；四是产品的关税分类表。此外还有一种替代标准，是指如果一成员将产品的来源地作为对产品给予区别待遇的唯一标准，并且市场上存在或将来会存在类似的进口产品，则证明已经满足了产品的同类性要求。相较而言，运用替代标准更容易被判定违反国民待遇和最惠国待遇义务。数字贸易覆盖的业务形态复杂多元，例如一些在线服务是可以高度定制化的服务，并且产品在集成新模块或服务时可以随时间动态变化，在实践中可能很难判断是否为同类产品。

（三）数字产品非歧视待遇规则的例外

DEPA 第3.3条规定了数字产品非歧视待遇义务的3项例外。一是知识产权规则例外。如果数字产品非歧视待遇规则和缔约方参加的国际协定中包含的知识产权规则不一致，以知识产权相关规则优先。由于数字产品很多都是数字内容产品，而数字内容产品是版权密集、知识密集型产品，因此知识产权相关规则优先具有合理性。二是政府补贴或赠款例外。根据该例外，缔约方仅对其本国的数字产品实施的政府支持贷款、担保和保险等补贴政策，不违反数字产品非歧视待遇义务。三是广播例外。有研究[1]指出，数字产品仅包括通过互联网"按需"（Peer to Peer）交付的内容，不包括通过传统广播、卫星、电缆或任何"按供给"（Peer to Multiple）交付的内容。换言之，数字产品是以商业销售为目的而生产，消费者可以选择购买，也可以实现从生产商到消费者之间的点对点电子传输。而通过广播播放的内容消费者不能自主选择，并且是一对多传输，因此不属于数字产品的范畴。

执笔人：马　兰[2]

---

[1] Sacha Wunsch-Vincent. The WTO, The Internet and Trade in Digital Products.

[2] 马兰，中国信息通信研究院政策与经济研究所工程师。

学术报告二 数字经济规则国际比较

2021 年 10 月 30 日，习近平主席在出席二十国集团领导人第十六次峰会时宣布，中国已经决定申请加入《数字经济伙伴关系协定》（DEPA）[①]，随后，中国正式提出加入申请。其间，中国与 DEPA 成员国新西兰、新加坡、智利举行了十余次部长级层面的专门会谈、两次首席谈判代表会议、四次技术层非正式磋商。2022 年 8 月 18 日，根据 DEPA 联合委员会的决定，中国加入 DEPA 工作组正式成立，全面推进加入 DEPA 的谈判。

一、DEPA 的主要内容和特点

DEPA 于 2021 年 1 月生效，成员包括新加坡、新西兰和智利三个亚太区国家。DEPA 在文本结构和内容上均有所创新，是全球首个开放式、纯数字议题、结构模块化和覆盖领域广泛的数字经济协议。

DEPA 由 16 个内容模块构成，包括初始条款和一般定义、商业和贸易便利化、数字产品待遇及相关问题、数据问题、更广泛的信任环境、商业和消费者信任、数字身份、新兴趋势和技术、创新和数字经济、中小企业合作、数字包容性、联合委员会和联络点、透明度、争端解决、例外和最后条款（见表 2-1）。

表 2-1 DEPA 的内容模块

领域	名称	主要条款
模块 1	初始条款和一般定义	范围；与其他协定的关系；一般定义
模块 2	商业和贸易便利化	无纸化贸易；国内电子交易框架；物流；电子发票；快运货物；电子支付

[①]《习近平出席二十国集团领导人第十六次峰会第一阶段会议并发表重要讲话》，新华社，2021 年 10 月 30 日。

续表

领域	名称	主要条款
模块 3	数字产品待遇和相关问题	关税；数字产品非歧视待遇；使用密码技术的通信技术（ICT）产品
模块 4	数据问题	通过电子方式跨境传输信息；计算设施的位置；个人信息保护
模块 5	更广泛的信任环境	网络安全合作；网上安全和保障
模块 6	商业和消费者信任	非应邀商业电子信息；在线消费者保护；接入和使用互联网的原则
模块 7	数字身份	数字身份
模块 8	新兴趋势和技术	金融科技合作；人工智能；政府采购；竞争政策合作
模块 9	创新和数字经济	公共领域；数据创新；开放政府数据
模块 10	中小企业合作	信息共享；数字中小企业对话；增强中小企业在数字经济中的贸易和投资机会的合作
模块 11	数字包容性	数字包容性
模块 12	联合委员会和联络点	一系列机制安排
模块 13	透明度	行政程序；更审和上诉；通知和提供信息
模块 14	争端解决	斡旋和调解；调停；促裁
模块 15	例外	一般例外；安全例外；税收措施
模块 16	最后条款	生效、修正、加入和退出程序

资料来源：作者根据相关资料整理。

其中，商业和贸易便利化、数字产品待遇和相关问题、数据问题、新兴趋势和技术四个领域为核心模块。

商业和贸易便利化模块，强调促进覆盖跨境交易全流程的"端到端"数字贸易便利化。其中，在无纸化贸易、国内电子交易框架、电子发票、电子支付、物流、快运货物等条款中，进一步强调了跨境互操作的重要性，通过数字技术的应用和系统的跨境互操作，降低国际货物贸易的成本。同时，DEPA 缔约方认识到企业和个人的可互操作数字身份是数字贸易高效运行的重要基础，通过数字身份条款可提供一种机制来提高金融交易的安全性和效率，并全面提高连通性、信任性和包容性。

数字产品待遇和相关问题模块，DEPA 提出了禁止对电子传输征收关税和数字产品非歧视待遇条款，为数字产品出口提供了公平竞争环境，提高了数字企业进军海外市场的政策预见性。同时也通过使用密码技术的信息通信技术（ICT）产品条款，确保使用加密技术的公司能够信任其经营所在的市场，鼓励创新，并确保所使用的私钥和相关技术得到保护，任何国家都不会要求将转让或获取上述内容作为市场准入的条件。

数据问题模块，DEPA 旨在构建可信任的数据流动框架，设置了以电子方式跨境传输信息、计算设施的位置等核心条款，旨在为商业主体日益增强的跨境数据流动需求提供便利。个人信息保护方面，DEPA 要求经济体采用健全的法律框架，它还通过制定应支持此类隐私框架的商定原则进行创新。

新兴趋势和技术模块，DEPA 意识到人工智能和金融科技的日益普及，将带来巨大的社会经济回报，也可能引发围绕数据流、竞争以及这些突破性技术所产生的意外后果。为此，DEPA 授权或鼓励缔约方推动金融科技解决方案和金融科技创业人才的合作，以及建立可信、安全和负责任使用人工智能技术的道德和治理框架。

DEPA 作为全球首个正式生效的全新数字经济协定，具有以下三个特点。

一是协定具有开放式和示范性特点。DEPA 本身是一个开放的协议，模块化结构设计旨在为全球其他经济体参与数字经济规则的前沿条款领域提供规则模板，不同的模块同样可以在自由贸易协定甚至当前 WTO 电子商务联合声明倡议谈判中单独使用，因而具有潜在的规则制定示范性作用。

二是协定具有软约束与高效性特点。DEPA 的规则文本总体以软约束语言表述为主，并将跨境数据流动等核心条款排除在争端解决机制之外，DEPA 中的新兴趋势和技术、创新和数字经济、数字包容性等模块也有待进一步明确实质性义务条款要求。但是，DEPA 文本软约束的设计也正与 WTO 谈判相对僵化和低效的机制形成反差，从而更易吸引外部经济体迅速加入，具有高效性特点，并为未来形成一套全球性的"无缝""无边界"数字经济规则提供了可能。

三是协定具有前瞻性和灵活性特点。DEPA 的框架设计体现了对前瞻性议题的持续关注，以应对不断涌现的新技术、新应用和新商业模式的挑战。该协定设立了一个联合委员会，以审议进一步加强缔约方之间的数字经济伙伴关系的途径，并明确提出一种机制可以修改协定以适应新问题，从而具有较强的灵活性，未来不排除增加增材制造、3D 打印和加密货币等不断涌现的新兴议题。

二、DEPA 与其他数字规则国际比较

数字规则是电子商务、数字贸易和数字经济规则的统称。截至 2023 年 7 月，全球生效的数字规则一共有 120 个，其中，FTA（自由贸易协定）电子商务专章有 115 个，FTA 数字贸易专章有 2 个（《美墨加三国协定》和《美日数字贸易协定》），数字经济伙伴关系协定有 1 个（DEPA），数字经济协定（DEA，将原有 FTA 章节扩充修改）有 2 个，即《新加坡—澳大利亚数字经济协定》（SADEA）和《英国—新加坡数字经济协定》（UKSDEA）。

目前，代表全球数字经济（含数字贸易）规则最高水平的协定主要包括：DEPA、CPTPP、USMCA、SADEA、UKSDEA 等 5 个。以下将聚焦 DEPA 的核心主题模块（见表 2–2），以 CPTPP、USMCA、RCEP、SADEA 和 UKSDEA 为比较对象，分析 DEPA 数字经济规则的基本特征。

表 2-2　DEPA 核心主题模块的比较（以 RCEP 为基准）

领域	条款	DEPA	CPTPP	USMCA	RCEP	SADEA	UKSDEA
商贸便利化模块	无纸化贸易	++	+	+	=	++	+
	电子发票	+	=	=	=	++	++
	电子支付	+	=	=	=	++	+
数字产品待遇模块	电子传输免征关税	+	+	+	=	+	+
	数字产品非歧视待遇	+	++	+++	×	++	×
数据问题模块	通过电子方式跨境传输信息	+	++	+++	=	++	++
	计算设施的位置	+	++	++	=	++	++

续表

领域	条款	DEPA	CPTPP	USMCA	RCEP	SADEA	UKSDEA
新兴趋势 与技术模块	金融科技合作	+	×	×	×	+	+
	人工智能	+	×	×	×	+	+
	政府采购和竞争政策合作	+	×	×	×	+	+

注："×"表示不包括该条款；"="表示与 RCEP 规则水平相当；"+""++""+++"表示超过 RCEP 规则水平的程度，加号越多表明协定的该条款程度越高。

资料来源：作者整理。

一是商贸便利化模块的规则比较。与其他高水平协定相比，DEPA 在商贸便利化领域进行了较大拓展。无纸化贸易条款，DEPA 首次在协定中提出建立无缝、可信、高可用性和安全互联的国际贸易单一窗口，以促进与贸易管理文件有关的数据交换，包括但不限于卫生与植物卫生证书、进口和出口数据以及缔约方共同确定的任何其他证单。电子发票条款，DEPA 首次在协定中提出推动电子发票的跨境互操作性，明确应根据现有的国际标准、准则或建议制定与电子发票相关的措施；不过，SADEA 和 UKSDEA 在该条款中更进了一步，提出了"在制定与电子发票相关措施时，各方应考虑泛欧公共采购在线（Peppol）等国际框架"等具体表述。电子支付条款，DEPA 首次在协定中提出促进国际公认标准的采用和使用、促进支付基础设施的可交互操作性和联通性以支持发展高效、安全和可靠的跨境电子支付。与 DEPA 相比，SADEA 在该条款的表述更为明确，提出应将国际电子支付信息标准用于金融机构和服务供应商之间的电子数据交换，以提高电子支付系统之间的互操作性。

二是数字产品待遇模块的规则比较。DEPA 在该领域的条款，总体上与 USMCA、CPTPP 等高标准协定的相关表述保持一致。电子传输免征关税条款，DEPA 明确提出禁止对电子传输及以电子方式传输的内容征收关税，这与 RCEP 中"每一缔约方应当维持其目前不对缔约方之间的电子传输征收关税的现行做法"更具强制性和可预见性。数字产品非歧视待遇条款，DEPA 提出对于在一方境内依据商业条款创作、制作、出版、签约、委托或首次提供的数字产品等，给予非歧视待遇，但排除了"广播服务"，与 SADEA 和 CPTPP 的表述基本一致。不过，USMCA 中，该条款没有排除"广播服务"。由于我国在多边和区域层面的正式谈判中，均未承认"数字产品"的提法，因此在 RCEP 中未设置"数字产品非歧视待遇"条款。

三是数据问题模块的规则比较。DEPA 在该模块的规则内容表述，与美式代表性协定的表述基本一致，但由于排除在争端解决机制之外，因此法律约束力不强。通过电子方式跨境传输信息条款，DEPA 提出每一缔约方应允许通过电子方式跨境传输信息，包括个人信息，该规则表述与 CPTPP、SADEA 和 UKSDEA 基本一致，但是 DEPA 将该条款排除在争端解决机制之外，因此在法律约束力上低于前三者。USMCA 在该条款的表述中删除了监管例外规定。RCEP 在该条款的规则深度最低，RCEP 表述为"不得阻止涵盖的人为进行商业行为而通过电子方式跨境传输信息"，未明确是否包含"个人信息"，且存在国家安全例外的导向。计算设施的位置条款，DEPA 提出"任何缔约方不得要求涵盖的人在该缔约方领土内将使用或设置计算设施作为在其领土内开展业务的条件"，但缔约方可设有各自的监管要求。与前述的"通过电子方式跨境传输信息条款"类似，DEPA 将该条款排除在争端解决机制之外，法律约束力不强。

四是新兴趋势与技术模块的规则比较。该模块是数字经济协定特有的规则，体现了其与已有 FTA 数字贸易规则的差异性，该模块的规则导向以推动缔约方之间的国际合作为主，法律约束力不强，但提供了一个开放式和基于产业合作的规则框架。金融科技条款，DEPA 提出缔约方应促进其金融科技（FinTech）产业间合作，包括企业间合作、商业或金融部门金融科技解决方案的制定合作，以及金融科技部门中的创业或创业人才合作。人工智能条款，DEPA 提出缔约方应努力促进采用支持可信、安全和负责任使用人工智能技术的道德和治理框架（人工智能治理框架），并在此过程中努力考虑国际公认的原则或指导方针。政府采购条款，DEPA 提出缔约方应开展合作行动，以了解货物和服务采购程序的数字化程度提高，如何对现有和未来国际政府采购承诺产生影响。竞争政策合作条款，DEPA 提出缔约方应考虑开展共同议定的技术合作活动，包括：交流关于制定数字市场竞争政策的信息和经验；分享促进数字市场竞争的最佳实践以及提供咨询或培训等。

总体而言，DEPA 一方面借鉴美式 FTA 协定中的跨境数据流动、数据本地化、数字产品非歧视待遇等条款；另一方面通过商贸便利化和数字经济合作模块，旨在拓展成员方之间的系统互操作性和便利化，以激发数字经济前沿产业的发展潜力。综合来看，DEPA 在数字自由化程度上，明显低于 USMCA，与 CPTPP 自由化水平相当，但高于 RCEP 的承诺水平。不过，与 USMCA、CPTPP 等其他高水平协定相比，DEPA 在规则广度上有较大的拓展，加入了许多前述协定中未涉及的数字经济合作模块，且保留了与前沿性产业发展同步探索新规则的灵活机制安排。

执笔人[①]：沈玉良　彭　羽　高　疆　徐乾宇　吕文洁

附表 1　DEPA 与 SADEA、UKSDEA、CPTPP、USMCA、RCEP 的条款比较

	DEPA	CPTPP	USMCA	RCEP	SADEA	UKSDEA
无纸化贸易	√（2.2）	√（14.9）	√（19.9）	√（12.5）	√（12）	√（8.61-B）
国内电子交易框架	√（2.5）	√（14.5）	√（19.5）	√（12.10）	√（8）	√（8.60）
快运货物	√（2.6）	√（5.7）	√（7.8）	√（4.15）	√（13）	×
电子传输免征关税	√（3.2）	√（14.3）	√（19.3）	√（12.11）	√（5）	√（8.59）
个人信息保护	√（4.2）	√（14.8）	√（19.8）	√（12.8）	√（17）	√（8.61-E）
通过电子方式跨境传输信息	√（4.3）	√（14.11）	√（19.11）	√（12.15）	√（23）	√（8.61-F）
计算设施的位置	√（4.4）	√（14.13）	√（19.12）	√（12.14）	√（24）	√（8.61-G）
网络安全合作	√（5.1、5.2）	√（14.16）	√（19.15）	√（12.13）	√（34）	√（8.61-L）

---

① 沈玉良：上海社会科学院世界经济研究所研究员；彭羽：上海社会科学院世界经济研究所副研究员；高疆：上海社会科学院世界经济研究所助理研究员；徐乾宇：上海社会科学院世界经济研究所助理研究员；吕文洁：上海社会科学院世界经济研究所助理研究员。

续表

	DEPA	CPTPP	USMCA	RCEP	SADEA	UKSDEA
非应邀商业电子信息	√（6.2）	√（14.14）	√（19.13）	√（12.9）	√（19）	√（8.61-N）
线上消费者保护	√（6.3）	√（14.7）	√（19.7）	√（12.7）	√（15）	√（8.61-M）
数字产品非歧视待遇	√（3.3）	√（14.4）	√（19.4）	×	√（6）	×
网络的接入和使用准则	√（6.4）	√（14.10）	√（19.10）	×	√（20）	×
电子发票	√（2.5）	×	×	×	√（10）	√（8.61-A）
电子支付	√（2.7）	×	×	×	√（11）	√（8.54-A）
使用密码技术的 ICT 产品	√（3.4）	√（附件 8-B）	√（12.C.2）	×	√（7）	√（8.61-J）
数字身份	√（7.1）	×	×	×	√（29）	√（8.61-S）
金融科技合作	√（8.1）	×	×	×	√（32）[1]	√（8.53）[2]
人工智能	√（8.2）	×	×	×	√（31）	√（8.61-R）[3]
数据创新	√（9.4）	×	×	×	√（26）	√（8.61-I）
开放政府数据	√（9.5）	×	√（19.18）	×	√（27）	√（8.61-H）
数字包容性	√（11.1）	×	×	×	×	√（8.61-P）
物流	√（2.4）	×	×	×	×	√（8.61-C）
电子认证和电子签名	×	√（14.6）	√（19.6）	√（12.6）	√（9）	√（8.61）[4]
源代码	×	√（14.17）	√（19.16）	×	√（28）	√（8.61-K）
能力建设	×	×	×	×	√（37）	×
海底通信电缆系统	×	×	×	×	√（22）	√（8.38）

---

① 32 章包含金融科技合作和监管科技合作。

② 8.53 条款名称为新金融服务，其中指出，为支持金融服务创新，双方应努力加强金融科技和监管科技的合作。

③ 8.61-R 条款里包含人工智能和新兴技术。

④ 8.61 条款名称为电子认证。

续表

	DEPA	CPTPP	USMCA	RCEP	SADEA	UKSDEA
互联网互通费用分摊	×	√（14.12）	×	×	√（21）	×
交互式计算机服务	×	×	√（19.17）	×	×	×
数字贸易标准和合格评定	×	×	×	×	√（30）	√（8.61-D）
金融服务计算设施的位置	×	×	√（17.18）	×	√（附件 A-25）	√（8.54）
金融信息的数据流动	×	√（附件 11-B-B 部分）	√（17.17）	√（附件 8A-9）	√（附件 A-23）	√（原 FTA-8.54）[1]
电子商务争端解决	≠[2]6（14）	√（28）	√（31）	×	√[3]	√
与 DEPA 的重合条款数		13	14	10	20	19
与 DEPA 重合度		52%	56%	40%	80%	76%

注：与 DEPA 重合度 = 与 DEPA 重合条款数 /DEPA 条款总数。
资料来源：作者根据公开资料整理测算。

附表 2　DEPA 与其他高水平协定比较（以 RCEP 为基准）

领域	条款	DEPA	CPTPP	USMCA	RCEP	SADEA	UKSDEA
商贸便利化	无纸化贸易	++	+	+	=	++	+
	国内电子交易框架	+	+	+	=	+	+
	快运货物	+	+	+	=	+	×
	非应邀商业电子信息	+	+	+	=	+	+
	电子发票	+	=	=	=	++	++

① 新加坡原 FTA 已包括金融信息数据流动条款。

② DEPA 的规则文本总体以软约束语言表述为主，并将跨境数据流动等核心条款排除在争端解决机制之外。

③ SADEA、UKSDEA 不仅在核心条款中具有约束性，并适用整个 FTA 协定的争端解决机制，而且在数字经济的新领域同样具有约束性。

续表

领域	条款	DEFA	CPTPP	USMCA	RCEP	SADEA	UKSDEA
商贸便利化	电子支付	+	=	=	=	++	+
	物流	+	=	=	=	=	+
	电子认证和电子签名	×	=	=	=	=	=
市场准入和数据开放	电子传输免征关税	+	+	+	=	+	+
	数字产品非歧视待遇	+	++	+++	×	++	×
	开放政府数据	+	×	+	×	++	+
数据跨境流动	通过电子方式跨境传输信息	+	++	+++	=	++	++
	计算设施的位置	+	++	++	=	++	++
	交互式计算机服务	×	×	+	×	×	×
	数字贸易标准和合格评定	×	×	×	×	+	+
	金融服务计算设施的位置	×	×	++	×	+	+
	金融信息的数据流动	×	+	++	=	+	+
网络安全和数字保护	网络安全合作	+	=	=	=	=	=
	个人信息保护	+	=	=	=	=	=
	线上消费者保护	=	=	=	=	=	=
	网络接入和使用准则	+	+	+	×	+	×
	密码技术的 ICT 产品	+	++	++	×	++	++
	源代码	×	+	+	×	+	+
数字经济合作	数字身份	+	×	×	×	+	+
	金融科技合作	+	×	×	×	+	+
	人工智能	+	×	×	×	+	+
	数据创新	+	×	×	×	+	+
	数字包容性	+	×	×	×	+	+
	能力建设	×	×	×	×	+	+
	海底通信电缆系统	×	×	×	×	+	+
	互联网互通费用分摊	×	+	×	×	+	×
	电子商务争端解决	+	++	++	×	++	++

注："×"表示不包括该条款；"="表示与 RCEP 规则水平相当；"+"表示超过 RCEP 规则水平；"++"表示明显超越 RCEP 规则水平。

资料来源：作者根据公开资料整理测算。

学术报告三　全球数字治理的制度困境与发展趋势

在全球数字治理领域，也许乌拉圭作家马里奥·贝内蒂广为流传的名句特别适用：当我们认为拥有所有的答案时，有的问题突然改变了。[①] 自由贸易理论和实践为传统的货物贸易提供了适用的监管框架，一些传统经济学的原则和参数也很容易转移到数字经济之中，但是数据本身的特殊性与数字治理的异质性导致无法简单套用原有的监管理念和模式。

全球数字治理正面临深层次的治理理念和制度困境，需要我们更多从数据的本质属性出发，密切洞察数字经济和数字治理发展的现实趋势，探究数字空间治理的客观规律。为研究之便，本文采用数字治理的广义概念，既包括数据跨境流动、数据保护，也包括平台治理、互联网接入、数字基础设施、人工智能治理、数字公共产品等。[②]

一、全球数字治理的制度困境与内生原因

（一）基于边境措施的贸易协定无法有效规范数字跨境流动

传统贸易协定是以确定交易对象是商品或服务、是否跨越边界来划分贸易责任，主要通过"边境或关境上的措施"来实现监管目标，如 WTO 贸易便利化措施主要是通过减少边境或关境上的关税或其他非关税壁垒来实现的。各国通过协议和承诺，让渡

[①] González-Geraldo，José L. Educación，Desarrollo y Cohesión Social. *Ediciones de la Universidad de Castilla La Mancha*，2015. ISBN 978-84-9044-173-2，p. 321.

[②] 《中国关于全球数字治理有关问题的立场》（就制定"全球数字契约"向联合国提交的意见），2023 年 7 月。

一部分在边境或关境上进行贸易限制的权利，通过关税减让、取消数量限制等方式降低贸易壁垒，实现贸易便利化目标。可以看出，传统贸易协定是建立在各国明确的边界基础上的，边界为各国让渡权利、统计流量、实施监管界定了明确的物理上和法律上的范围。没有明确的边界，这种监管方式就失去了存在的基础——这也正是传统贸易协定面对数字经济时最大的窘境所在。

网络空间主要由物理层（网络基础设施）、逻辑层（代码和算法）和内容层（数据流动）三个层次构成。[1] 内容层又称虚拟层，面向全球开放，默认允许访问任何链接，而不考虑物理位置。不同用户在无数终端之间瞬时发出和接收数据，形成一个跨越个体、国家以及现实与虚拟之间的网络空间。[2] 数据传输的过程中被分解为若干个数据包，数据包传输会流经全球性的分布式基础设施，也就是说，数据包的传输具有"跨境"性质。[3] 这种虚拟空间打破了传统意义上的国家边界，动摇了以领土为基本要素的国家主权秩序逻辑。[4] 网络数据在内容层流动的全球性、互联性和即时性特点模糊了跨境数据流动和国内数据流动之间的区别。由于难以确定"跨境"的标准和统计口径，数字贸易这种以数据流为传输或交付对象的经济形态，目前并不在海关监测的范围之内。因此，数据跨境流动难以通过基于主权的"边境"或"关境"的界限进行控制，这就使得区域民族国家传统的贸易监管手段无法适应新兴的数字贸易。法律调整复杂信息技术系统的困境，来源于技术打破多方面界限或要求在无边界的领域内活动[5]。

---

[1] Youchai Benkler，*The Wealth of Networks*，Yale University Press，2006，Chapter 11.

[2] David Johnson and David G. Post，"The Rise of Law on the Global Network，"in Brian Kahin and Charles Nesson，eds.，*Borders in Cyberspace: Information Policy and the Global Information Infrastructure*，Cambridge and London：The MIT Press，1997，p.3.

[3] Mishra N（2019），"Building Bridges：International Trade Law，Internet Governance and the Regulation of Data Flows，"*Vanderbilt Journal of Transnational Law*，52（2）：463-509.

[4] 张翼：《网络空间安全立法的双重基础》，《中国社会科学》2021 年第 10 期。

[5] ［德］托马斯·威施迈耶、［德］蒂莫·拉德马赫：《人工智能与法律的对话》，韩旭至、李辉等译，上海人民出版社 2020 年版。

从实践中看，由于跨境数据流动往往需要一国通过国内法律政策来制定具体的网络安全技术标准、隐私保护或者国家安全等内容，在这方面国际贸易规则并不是适当的平台。与传统贸易相似，当前数字贸易壁垒也包括关税和非关税壁垒两大类，但是其特点有本质不同。就关税而言，自 1998 年以来，WTO 成员已同意不对涵盖货物（如电子书和音乐下载）和服务的电子传输征收关税。[①] 非关税壁垒主要包括数据本地化要求、跨境数据流动限制、侵犯知识产权、歧视性的、特殊的技术标准或烦琐的测试和认证要求、盗窃商业秘密、强制技术转让等。非关税壁垒不像关税或配额一样容易识别和量化，往往涉及一国的国内治理问题，包括法治、透明度和投资者保护等，成为当前全球数字贸易面临的最主要障碍。在考虑传统贸易体系的治理时，贸易经济学家传统上倾向于发展一套非歧视性的规则，支持市场开放和监管透明，同时实施纪律以控制有害的行动和代价高昂的经济扭曲。数字经济的影响范围更广，且目前全球和区域层面对数字贸易的管理仍然相当零散和不完整，数字经贸协定中有关非歧视、透明度等要求依然非常有限，无法有效监管各种非关税壁垒。

（二）科技巨头和数字平台对数字治理规则具有主导作用

与传统国家和国际组织主导建立的全球贸易体系 [②] 不同，网络空间的数字治理并不是一种单一的功能或实践，而是一个复杂的包括技术标准制定、资源分配、制度安排、网络访问和信息控制的矩阵。由于这种复杂性，其所涉及的行为者也是多样化

[①] The Geneva Ministerial Declaration on global electronic commerce，WT/MIN（98）/DEC/2，May 25, 1998.

[②] 当然，在以 WTO 为代表的"以规则为基础的国际经贸体系"的形成过程中，跨国公司发挥了重要作用，其利益也在这些规则体系中得到了充分体现。参见 [美] 约瑟夫·E. 斯蒂格利茨：《全球化逆潮》，机械工业出版社 2019 年版。但这种参与并不意味着在数字治理体系中直接制定规则并发挥主导作用。

的，包括政府、国际电信联盟等国际组织、数字服务、平台和基础设施的私营部门所有者和运营商、一系列技术和标准制定机构，以及非政府组织和倡导团体等民间团体。[①] 多方利益相关者共同治理的观点在互联网商业化运用早期就达成了共识。1992年的里约峰会上，人们清醒地认识到，地球面临的环境和发展挑战不可能在威斯特伐利亚体系内得到有效解决。[②] 2003 年，由国际电信联盟牵头，在日内瓦举行的信息社会世界首脑会议发布的报告对互联网治理的定义认为，互联网治理是政府、私营部门和民间社会以各自的角色制定和应用共同的原则、规范、规则、决策程序和方案。

私营公司在全球数字治理中的重要地位和作用是由互联网发展的历史和特点决定的。一方面，早期互联网乌托邦理想的"无政府主义"[③] 几乎从未实现过，人们逐步发现，网络空间仅是由它的架构设计来决定，一旦被设计为能够清晰辨识用户、地点、行为等因素的架构，它会成为有史以来最具规制能力的空间。[④] 决定这种架构的就是"代码"，在网络空间中，代码即法律，对代码的控制就是权力。[⑤] 科技公司和数字平台等技术社群是最直接的代码控制者。另一方面，在实践中，许多国家的互联网基础设施、在线服务的提供者都是私人拥有和经营的。美国政府也一直表示倾向于采用私营部门主导的模式，因为它"反映了公共利益，最能灵活地满足互联网和互

① DeNardis，Laura and Raymond，Mark，*Thinking Clearly About Multistakeholder Internet Governance*（November 14，2013）. GigaNet：Global Internet Governance Academic Network，Annual Symposium 2013. 在文中，作者制定了一个分类法，将构成互联网治理的做法分解为六个"功能区"和 44 项"任务"。

② Minu Hemmati，*Multi-stakeholder processes for governance and sustainability beyond deadlock and conflict*，London：Earthscan Publications，2002，p1.

③ John Perry Barlow，*A Declaration of the Independence of Cyberspace*（Davos，Switzerland：February 1996）.

④ ［美］劳伦斯·莱斯格著:《代码 2.0：网络空间中的法律》，李旭、沈伟伟译，清华大学出版社 2009 年版，第 43 页。

⑤ William J. Mitchell，*City of Bits*：*Space*，*Place*，*and the Infobahn*，Cambridge，Mass.：MIT Press，1996.

联网用户不断变化的需求"①。

科技公司和数字平台在引领互联网技术创新、推动数字时代变革方面发挥了重要作用，然而由于其拥有巨大的数据规模、算法控制和广泛的社会影响力，已经在事实上等同于国家，正主导构建数字世界并同时监管这个世界。② 在以 ChatGPT 为代表的生成式人工智能治理成为焦点时，美国白宫于 2023 年 7 月 21 日宣布 OpenAI 等七家领先科技公司已自愿承诺，确保人工智能产品的安全、可靠和透明。三天后，美国国务卿安东尼·布林肯和商务部长吉娜·雷蒙多共同承诺将通过美欧贸易与技术委员会（TTC）和七国集团（G7）与盟友协调，统一人工智能治理。③ 可以看出，美国在人工智能治理领域正在遵循一种与中国和欧盟不同的方式——基于市场的自我监管，并试图将这种方式推广到更广泛的盟友范围内。

二、当前全球数字治理体系发展的新趋势

（一）安全与信任成为数字治理合作的核心理念

由于数据往往反映用户的身份或行动，因此个人的数据安全十分重要。2018 年，剑桥分析公司在未经用户同意的情况下获得了用户的个人数据，2021 年，有关面部识别公司 Clearview 的数据保护问题被揭露和调查。在 2020 年思科公司关于大流行病中的隐私问题的调查中，60% 的人对他们正在使用的工具中的数据是否受到保护表示担忧。④

---

① *Affirmation of Commitments by the US Department of Commerce and the International Corporation for Assigned Names and Numbers*，September 30，2009.

② Ian Bremmer：*The Technopolar Moment*，October 19，2021.

③ Antony Blinken，Gina Raimondo，*To shape the future of AI，we must act quickly*，July 24，2023.

④ Cisco，2020 Consumer Privacy Survey：*Protecting Data Privacy During the Pandemic and Beyond*.

由于在数字基础设施和竞争力方面的差距，近年来"以国家安全优先"的数字监管理念和模式持续受到了一些发展中国家的关注。自 2019 年 WTO 电子商务谈判启动以来，由于担心数据流动会给国家安全和经济发展造成破坏，78 个发展中经济体拒绝参与。[①] 即使是信息技术竞争力最强的美国，在跨境数据流动涉及国家安全和企业发展时，美国政府往往采取复合立场：在关注国家安全时，美国希望拥有"特殊的责任"，加强对全球网络公域的主导权和控制力；但在企业与经济发展的层面，美国希望消除全球网络空间的已有壁垒。[②]

随着网络空间和数字经济的影响力日益上升，数据被视为国家安全的核心。越来越多的国家以数据主权为由，要求将涉及国家安全和国防部门的数据存储在国内服务器中，并对数据流动和保护施加了更多的要求。据统计，2017 年，35 个国家实施了 67 项数据本地化措施。到 2021 年，62 个国家已实施 144 项此类措施——还有几十个国家正在考虑中[③]。

随着各国主张加强对数据主权的控制，互联网治理理念的演变是不可避免的。2019 年二十国集团大阪峰会提出推动建立数据自由流动的可信规则，世界经济论坛报告也推出所谓"可信"的标准界定，"相近的制度和价值观"成为推动跨境数据自由流动的潜在因素。2021 年 4 月，七国集团数字和技术部长会议发表宣言：将开放、民主社会的需要放在技术辩论的中心，并共同努力建立一个受信任、价值观驱动的数字生态系统。随着各种不同的价值观对互联网治理模式的影响不断加深，意识形态驱动下的网络空间将会呈现更加分裂的倾向。

---

① Susan Ariel Aaronson，Data is Disruptive：*How Data Sovereignty Is Challenging Data Governance*，Hinrich Foundation，August 2021.

② 姚旭：《欧盟跨境数据流动治理：平衡自由流动与规制保护》，上海人民出版社 2019 年版，第 186 页。

③ Nigel Cory and Luke Dascoli，*How Barriers to Cross-Border Data Flows Are Spreading Globally*，*What They Cost*，*and How to Address Them.*

（二）行政协定成为规范数据跨境流动的新形式

在 WTO 层面，电子商务谈判自 2019 年正式启动以来，由于 WTO 的决策机制和全球数字治理的复杂性，谈判进展缓慢。各方在传统的"电子商务"规则领域取得较大共识，包括垃圾邮件、电子签名和认证、电子合同、电子发票、无纸化贸易、在线消费者保护等方面；但在新兴的数字贸易规则领域产生了较大分歧，如数据跨境自由流动、数据本地化、软件源代码和算法保护等[①]。

由于多边层面进展缓慢，近年来各国纷纷通过区域性贸易协定和数字经济协定来规范数字经贸活动，主要包括 RCEP、DEPA、CPTPP、USMCA 等。然而，由于在一些关键数字贸易规则的立场和原则上分歧较大，这些协定允许各国援引各种例外情况（以维护"公共秩序""道德"和"国家安全"等），可以"以实现合法的公共政策目标"对跨境数据流动进行限制和要求数据本地化[②]。

此外，美欧近年来纷纷通过各种协定来推动数据跨境流动，促进数字经贸活动发展。在美欧之间，已有三个关于数据跨境流动的特殊安排，分别为《安全港原则》《隐私盾框架》和《数据隐私框架》。[③] 从美国来看，这三项协议均是以行政协定而非国会立法的方式通过的。以《数据隐私框架》为例，由两部分组成：一为美国贸易部发布的《欧美数据隐私框架原则》，二为美国总统签署的《关于加强美国信号情报活动保障

[①] 石静霞：《数字经济背景下的 WTO 电子商务诸边谈判：最新发展及焦点问题》，《东方法学》2020 年第 2 期。

[②] 参见 CPTPP 第 14.11 条和第 14.13 条；RCEP 第 14 章第 14.3 条和第 15.3 条。

[③] 由于美国政府根据《外国情报监控法》，在没有合理理由或司法批准的情况下，利用大型科技公司掌握的海量数据监视世界其他地区，这种监视不局限于犯罪或恐怖主义，还包括对美国"合作伙伴"的间谍活动，欧洲法院先后于 2015 年和 2020 年判决《安全港原则》和《隐私盾框架》无效。2023 年 7 月 10 日，欧盟委员会宣布《数据隐私框架》已通过充分性认证，欧美之间的数据跨境流动活动再次重启。

措施的行政命令》^①及其他相关规范美国情报机关活动的文件。这是一个为美国公司定制的、选择加入的认证计划，由美国联邦贸易委员会和交通部执行，并由商务部管理。符合必要认证要求的美国企业可以加入《数据隐私框架》，被认为达到了欧盟数据隐私保护标准，可以接收欧盟的个人数据。

与之类似，2023 年 6 月，英美双方宣布《21 世纪美英经济伙伴关系大西洋宣言》及其《行动计划》^②，共同承诺建立一个美国—英国数据桥（U.S.–UK Data Bridge），以促进两国之间的数据流动，同时确保强有力的和有效的隐私保护。被批准加入"英美数据桥"的美国公司，将能够在新的框架下接收英国的个人数据，从而避免利用昂贵和低效的替代转移机制，如标准合同条款。值得注意的是，英国已经与包括韩国在内的其他几个主要伙伴国达成了类似的安排，英国企业现在可以不受限制地与这些国家安全地分享个人数据。未来，通过类似于"数据隐私框架""数据桥"等双边或多边行政协定，实现低成本的跨境数据流动，可能成为全球数字治理规则的重要方向之一。

（三）合作委员会或经济框架成为协调数字治理的新平台

当前，在数字治理问题上并没有既定的全球规则，也没有一个国际机构进行协调，难以发挥像国际货币基金组织规范全球支付、世界银行支持发展问题、WTO 治理经贸活动一样的作用。虽然 WTO 试图规范数字经贸活动，然而多年来各项谈判进展都非常缓慢，主要原因是所有重大决定都需由成员经济体在协商一致的基础上做出，而 100 多个成员在观点、优先事项和立场方面存在巨大分歧，在数字治理最

---

① Executive Order on Enhancing Safeguards for United States Signals Intelligence Activities，Exec. Order No. 14086（2022）.

② The White House：*The Atlantic Declaration*：*A Framework for a Twenty-First Century U.S.-UK Economic Partnership*.

艰难和最重要的问题上，共识几乎无法达成。WTO 要实现对数字贸易的管理，它需要进行彻底的改革。[①] 一些专家呼吁应该建立适当的机制，对数字治理进行国际协调，但国家间还缺乏共识。近年来，美国在主导建立新的合作委员会或经济框架，对数字技术问题设立关键议题，通过协调力图将美国数字治理理念和实践进行推广。

在跨大西洋两岸，美欧双方在 2021 年 6 月成立美欧贸易与技术委员会（TTC），10 个工作组中，与数字技术治理相关的小组就有技术标准、信息和通信技术安全与竞争力、数据治理与技术平台、威胁安全与人权的技术滥用、促进中小企业获取和使用数字技术、气候与清洁技术等 6 个。其优先事项包括促进建立技术标准，支持值得信赖的人工智能、开放、可靠和安全的互联网，以及打击虚假信息、信息操纵和干扰。[②]

在跨太平洋两岸，2022 年 5 月，拜登政府在"印太战略"下启动"印太经济框架"（IPEF）。该框架由四个支柱组成：贸易，供应链，清洁能源、去碳化和基础设施，税收和反腐败。数字治理主要体现在"贸易"支柱之下，包括在数字经济中建立信任和信心的环境，加强网络信息获取和互联网接入，促进数字贸易，消除歧视性做法，以及推进有弹性和安全的数字基础设施和平台建设。

这类合作委员会或经济框架的共同特点是：不是贸易协定，美国不会做出任何市场准入承诺。与贸易协定重在边境或关境上建立贸易壁垒等"硬基础设施"不同，这些新型合作方式重在通过技术标准、透明度要求、出口管制等协调行动的方式，共同创建一种"软性生态系统"，各方遵从共同的贸易标准和实践要求，以减少系统内部的经贸投资摩擦，而增加与系统外部的交易障碍，会对系统外部的国家有较

[①] Drake-Brockman, J., Gari, G., Harbinson, S., Hoekman, B., Nordås, H.K., Stephenson, S., *Digital Trade and the WTO: Top Trade Negotiation Priorities for Cross-Border Data Flows and Online Trade in Services*, Jean Monnet TIISA Network Working Paper no.11-2021, September 2021.

[②] European Commission, *Digital in the EU-US Trade and Technology Council*.

强的排斥性，但是其执行机制的约束力、协调行动的一致性和有效性仍有待进一步观察。

三、全球数字治理体系发展的未来展望

（一）全球数字治理规则将呈现多渠道并存

第一，数字技术发展的无限性与人类认知的有限性之间的矛盾。当前，以生成式人工智能为代表的数字技术发展正呈现快速性、未知性和不确定性，不仅远远超出人类传统社会生活的知识和经验，更超出人类认知的能力和可控范围。现阶段，关于如何处理数字经济的问题比答案多得多。在数字技术不断改变人类社会生活的过程中，我们所能确定的，仅仅是决定着某一个过程和结果的一部分，而不是全部情况，因此对于所期待的结果，我们只能预测它的某些性质，而不是它的全部性质。[1] 因此，我们要创造有利于进步的条件，而不是去"计划进步"。[2]

第二，数字治理多主体之间价值观、利益的冲突。在数字治理体系中，国家、国际组织、企业、行业组织等以不同方式影响着规则的形成和变迁，这种多主体根据自身利益展开的行动将推动全球数字治理。首先，由于数字技术的复杂性和内生决定性，企业作为研发者和使用者有着天然的规则设定能力。其次，随着数字技术成为创新和增长的关键驱动力，国家监管及伴随而来的监管过度或不平衡的危险也可能成为常态。最后，由于数字环境固有的"全球性"，地方监管行为具有世界性的溢出效应，许多解决方案需要在国际层面上进行定位。然而，国际经济法至今没有以前瞻性的方式对数字革命做出反应，在双边和区域层面的进展也只是渐进式的，而且价值观和意识形态的差异会进一步导致数字监管裂痕的扩大。在寻找和定

---

① ［英］弗里德里希·冯·哈耶克：《哈耶克文选》，河南大学出版社 2015 年版，第 607 页。

② ［英］弗里德里希·冯·哈耶克：《通往奴役之路》，中国社会科学出版社 1997 年版，第 250 页。

义一个适当的国际监管框架来管理数字技术、相关的机会和风险方面，我们仍然处于起步阶段。

第三，数字经济鸿沟与数字监管裂痕不断扩大。当前，国际社会最紧迫的任务之一是克服日益扩大的数字鸿沟。根据国际电信联盟 2022 年报告①，全球数字鸿沟触目惊心：全球人口近 80 亿，约有 66% 的人口使用互联网，依然有 27 亿人处于离线状态。在欧洲、美洲地区，分别有 89% 和 83% 的人口使用互联网，阿拉伯国家和亚太国家分别为 70% 和 64%，非洲平均水平仅为 40%。高收入国家的互联网普及率已经达到 92%，而中低收入国家仅为 56%，低收入国家更是只有 26%。2022 年，全世界有 82% 的城市居民在使用互联网，这一比例是农村地区网民比例的 1.8 倍。

数字连接的巨大差异进一步导致数字经济鸿沟的扩大，而传统的、与连接有关的数字鸿沟正在被所谓的与数据有关的鸿沟所加剧。② 数据和跨境数据流动的经济效益不是自动产生的，也不是在国家之间和国家内部平均分配的，市场力量的自由发挥并不能带来高效和公平的结果。数字经济鸿沟的扩大进一步加深了数字监管裂痕：多边努力难以推进，区域性和双边协定碎片化日益加剧，成为数字治理领域的重要挑战。我们需要更多的法律互操作性来维护互联网的全球性质，但与数字技术使用相关法律的实质性协调难以实现。

（二）创新与安全的平衡成为决定数字竞争力的关键

工业革命以来，技术就成为创造新财富和权力的来源。在信息时代，数字技术在很大程度上塑造了一国的经济实力、军事能力和政治影响力，但其带来的政策挑战同

---

① Telecommunication Development Bureau，International Telecommunication Union（ITU），*Measuring digital development*：*Facts and figures 2021*.

② UNCTAD，*Digital Economy Report 2021*，*Cross-border Data Flows and Development*：*For Whom the Data Flow*.

样是巨大的。面对数字技术所带来的颠覆性变革，各国政府的制度挑战是：如何加速创新、创业和扩大创造财富的机会；如何建立经济增长所需的数字基础设施；如何处理技术的破坏性影响所带来的社会和政治后果；如何利用技术来改善国家安全；等等。这些问题意味着，各国实际上处于两场技术"竞赛"中，不仅是如何创造技术，而且是如何治理技术以产生最大利益。[①]

国家创造和使用新技术的能力将决定国家实力。与工业革命时代不同，在生成式人工智能不断发展的时代，数字技术的创新效应呈现递进性和扩展性，持续性创新以及获取和使用知识的能力可能比任何特定的技术更重要。在这个意义上，那些今天强大但不能持续地更多地利用先进或新兴技术的国家竞争力会削弱。一国在促进创新服务、创造和使用新技术上的能力将成为衡量国家竞争实力的重要指标。

数字技术会对国家和个人安全产生重大影响，尤其是百年未有之大变局叠加新冠疫情背景下，各国开始摒弃自由贸易时代"效率优先"的理念，更加关注国家安全和个人权益保护，"国家安全泛化"正在影响全球经贸规则重构，尤其是数字技术治理，必然会在一定程度上阻碍数字技术的创新发展。

面对数字技术带来的巨大利益和安全风险，各国在开展创新竞赛的同时，也在进行着"监管竞赛"[②]。然而，赢得"监管竞赛"并不一定会带来创新优势，相反，一个司法管辖区的过度监管可能会增加另一个司法管辖区的竞争优势，尽管以这种方式监管数字技术是否对社会发展有利，还有待观察。[③]

---

① James Andrew Lewis，Technology and Power，March 30，2022，see https：//www.csis.org/analysis/technology-and-power.

② Smuha，Nathalie A，"From a 'Race to AI' to a 'Race to AI Regulation' - Regulatory Competition for Artificial Intelligence"（November 1，2019），*Published in Law*，*Innovation and Technology*，Vol. 13，Iss. 1，2021.

③ Atkinson，Robert D，*A U.S. Grand Strategy for the Global Digital Economy*，Policy Report，*Information Technology* and Innovation Foundation（ITIF），January 2021.

一国的数字竞争力，既是创新能力发展的结果，也是以管理风险并且创造机会的方式有效管理创新的能力。因此，既要为评估数字技术的风险和利益提供基于结果的规则，对已确定的风险采取缓解措施；更重要的是，还要有足够的灵活性来适应新技术，避免压制数字技术有益的创新和使用。

执笔人：王　丹[①]

---

① 王丹，副教授，中国浦东干部学院数字贸易联合课题组成员。

学术报告四 数字贸易统计测度思路和方向

伴随信息通信技术与国际贸易的深度融合，全球数字贸易迅猛发展。数字贸易统计测度是数字贸易研究的重点问题之一，对相关理论研究和政策设计具有重要意义。2017 年德国汉堡 G20 峰会发布的《G20 数字贸易优先事项》（*G20 Priorities on Digital Trade*）将数字贸易统计测度列为首项工作，指出数字贸易测度正面临概念界定、贸易分类、框架建立和数据收集等挑战，支持各国统计机构和国际组织进一步推动数字贸易统计与监测工作，以及鼓励联合国国际贸易统计机构间工作组（TFITS）更积极地与所有国家统计机构和产业界接触。

一、数字贸易概念内涵与统计框架

（一）数字贸易概念内涵

对数字贸易进行准确定义非常困难，因为 ICT 技术和数字化转型给国际贸易带来了两个不同维度的影响，一是强调贸易开展方式的数字化转型，二是强调贸易标的中出现的可以通过网络交付的数字化产品和服务。这导致研究人员无论从哪一个维度对数字贸易进行定义都难免为人所诟病。例如，美国国际贸易委员会（USITC）2013 年将数字贸易定义为通过有线 / 无线数字网络交付的产品和服务贸易，其向公众征求意见得到的反馈是"建议委员会使用更广泛的定义，将数字方式促进的货物贸易等也纳入其中"。

随着研究不断深入，国际上对数字贸易的概念已经形成初步共识，即主要是指 ICT 技术应用促成的各类贸易。美国是最早提出数字贸易的国家，USITC 和美国贸易代表办公室（USTR）的多份报告对数字贸易的概念进行了论述。其中，USTR 在《数字贸易的主要障碍》中指出，数字贸易是一个广泛的概念，不仅涵盖了互联网上消费品的销售和在线服务的供应，还涵盖了使全球价值链得以实现的数据流、使智能制造得以实现的服务以及无数其他平台和应用。中国商务部 2021 年指出，数字贸易以数据为生产要素、以数字服务为核心、以数字交付为特征，其带动了全球创新链、产业链和价值链加速优化整合，正在成为数字经济时代的重要贸易方式。

（二）旨在统计测度的数字贸易概念框架

OECD、WTO 和 IMF 2020 年发布的《数字贸易测度手册（第一版）》（以下简称《手册》），基于统计测度的目的，将数字贸易定义为所有以数字方式订购和（或）以数字方式交付的贸易，并提出了包含数字贸易范围、数字贸易方式、数字贸易产品、数字贸易主体 4 个维度的数字贸易概念框架（见图 2-1）。

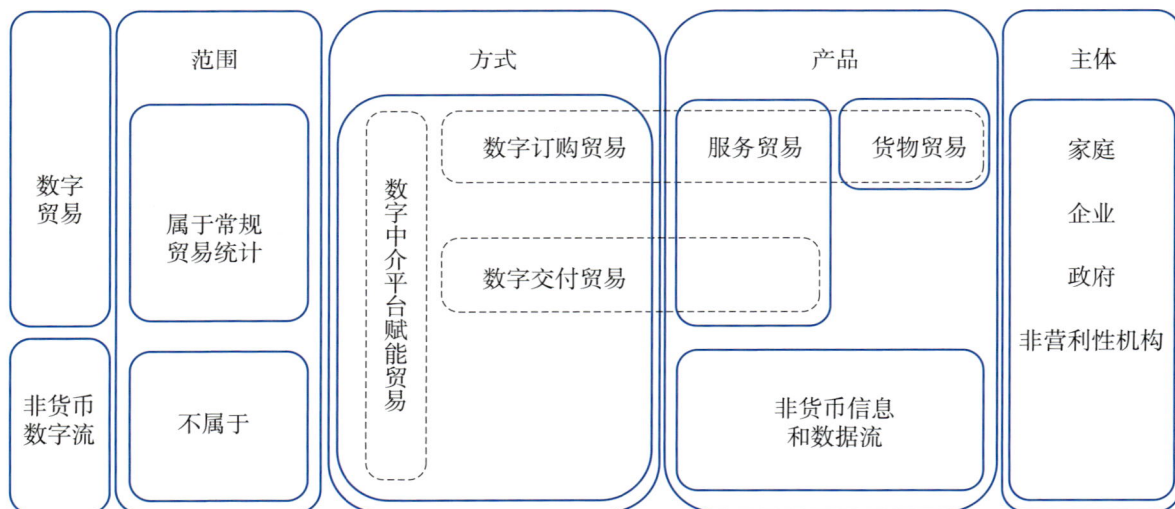

图 2-1　旨在统计测度的数字贸易概念框架

资料来源：经济合作与发展组织（OECD）、世界贸易组织（WTO）、国际货币基金组织（IMF）。

数字贸易范围可以通过区分货币反映的数字贸易和无法通过货币反映的跨境信息与数据流进行划分。在数字贸易中，出口方向进口方提供商品或服务并获得货币收益；在非货币数字流中，进口方无须支付任何费用即获得了某些数据、信息或服务。例如，某国企业为他国居民提供的免费搜索引擎服务属于非货币数字流，为他国商家提供的付费在线广告服务则属于数字贸易。

基于 ICT 技术对国际贸易的影响，将数字贸易方式分为 3 类：一是数字订购贸易（Digitally Ordered Trade），即通过专门用于收发订单的计算机网络所完成的商品或服务的国际贸易活动[①]；二是数字交付贸易（Digitally Delivered Trade），即通过专门设计的计算机网络完成的远程交付的电子格式服务的国际贸易，排除了通过电话、邮件和传真提供的服务；三是数字中介平台赋能贸易（Digital Intermediation Platform Enabled Trade）。大多数通过平台促成的国际贸易可以归为数字订购贸易，平台为非本国居民提供的中介服务则属于数字交付贸易。

数字贸易产品包含了传统的货物、服务以及非货币信息和数据流 3 类：一是货物，由于货物无法通过网络传输交付，货物贸易只可能出现在数字订购贸易中，即通过数字订购方式开展的货物贸易；二是服务，可以通过数字订购方式开展贸易，如酒店预订、网约车等，也可以通过数字交付方式开展贸易，即线上 ICT 服务和因为 ICT 技术应用而线上传输交付的其他服务，如云计算、人工智能、在线教育等；三是非货币信息和数据流，如用户数据、开源软件、免费服务等。

参考国民经济核算体系（SNA），可以将贸易主体分为家庭、企业（包括金融和非金融）、政府和非营利性机构（NPISH）。虽然分组标准与现有统计体系基本一致，但是数字贸易降低了国际市场进入门槛，许多中小企业和个体消费者有机会参与国际贸易，也将给统计工作带来一定挑战。

基于概念框架，《手册》进一步提出了数字贸易统计数据报告模板（见表 2-3），包含了概念框架中"数字贸易方式""数字贸易产品""数字贸易主体"3 个维度，并区分了进口与出口。根据模板中的计算公式，"数字贸易总额 = 数字订购贸易额 + 数字交付贸易额 − 同为数字订购贸易和数字交付贸易额"。由于数字订购贸易和数字交付贸易

---

① 基于此定义，数字订购贸易可以等同于跨境电子商务，本书中可能交替使用两种名称。

统计数据获取方式存在一定差异，因此获取准确的数字订购贸易和数字交付贸易相关数据可能存在一定困难。

表 2-3　基于概念框架的数字贸易统计数据报告模板

分类	出口			进口		
	机构分类			机构分类		
	企业	政府	家庭/非营利性机构	企业	政府	家庭/非营利性机构
1 数字订购贸易 1.1 货物贸易 1.2 服务，非数字方式交付	ES ES/ITSS	AR	HS/CC	ES/ITSS	AR	HS/CC
2 数字交付贸易 2.1 数字订购贸易 2.2 非数字订购贸易	ES/ITSS/ITRS	AR	HS/CC	ES/ITSS/ITRS/VAT	AR	HS/CC/MOSS
数字贸易总额						
通过 DIP 交易 3 数字订购贸易 3.1 货物贸易 3.2 服务贸易 3.2.1 数字交付方式贸易 3.2.2 非数字方式交付贸易	ES+DIP ES/ITSS/ ITRS+DIP		HS/CC+DIP HS/CC+DIP	ES/ITSS+DIP ES/ITSS/ITRS/ VAT+DIP		HS/CC+DIP HS/CC/ MOSS+DIP

注：ES= 企业调查，HS= 家庭调查，CC= 信用卡数据，ITSS= 国际服务贸易统计调查，DIP= 直接从数字中介平台收集的数据，ITRS= 国际交易报告体系，MOSS= 迷你一站式服务商店数据，AR= 行政记录，VAT= 增值税征管记录。

资料来源：OECD、WTO、IMF。

二、数字订购贸易统计测度分析

数字订购贸易的途径多样，并不一定限定在数字中介平台上完成订购，可以通过自有网站、外部网站、手机 App 和电子数据交换（EDI）等实现，但全面统计核算可能需要多种统计调查数据的相互配合。目前，数字订购贸易的统计测度主要依赖企业统计调查和海关统计数据等。

（一）数字订购贸易统计测度方法与挑战

1. 企业调查

企业调查是获取一国数字订购贸易数据的重要渠道，通过在统计调查中加入相关的问题，可以掌握企业通过数字订购开展的货物贸易和服务贸易情况。目前，许多国家和国际组织已经开展或尝试开展企业信息化统计调查，发展较快的电子商务无疑是调查的重点之一。

通过企业调查获取数字订购贸易数据可能存在四个方面的问题。一是调查表缺少对国内与国际的区分。现有的企业电子商务统计调查主要关注整个经济中的电子商务交易规模，收集数据包括"企业是否开展电子商务交易活动""企业电子商务销售和采购金额"等。然而，许多调查中没有拓展至国际层面，缺乏对国内电子商务和跨境电子商务的区分。二是调查表缺少对货物和服务的区分。许多电子商务统计调查没有对货物和服务进行区分，并且缺乏更细化的产品分类。需要强调的是，数字订购贸易和数字交付贸易中有重叠部分，如果能通过统计调查获取同为数字订购贸易和数字交付贸易的数据，将有助于计算《手册》所提出的总体数字贸易规模数据。三是中间商与数字订购贸易认定。中间商的出现使"出口商—进口商"模式转变为"出口商—中间商—进口商"模式，进而产生两个问题：一、无法区分中间商属于出口国还是进口国，二、无法确认中间商是否取得产品所有权。如表 2-4 所示，根据答案的不同可能导致三种不同情况，因此统计调查中需要特别注意中间商带来的重复计算风险。四是中间商、企业认知和数据填报。中间商的出现还使企业很难区分交易属于国内电子商务还是跨境电子商务。采购 / 销售企业可能难以分辨取得产品所有权的中间商的归属地（如外国中间商建立了本地中介平台）以及没有取得产品所有权的中间商背后采购 / 销售企业的归属地，导致填报时将国内电子商务和跨境电子商务混淆。

表 2-4　中间商属性与数字订购贸易认定

取得所有权	中间商属地	说明
是	出口国	仅中间商向进口商出口部分为数字订购贸易
是	进口国	仅出口商向中间商出口部分为数字订购贸易
否	出口国	仅出口商向进口商出口部分为数字订购贸易
否	进口国	仅出口商向进口商出口部分为数字订购贸易

资料来源：作者整理。

2. 海关统计

海关是各国货物贸易统计的数据来源之一，详细记录了进出口货物贸易中的企业信息、商品编码、进出口国等信息。通过改进海关统计机制获取的数字订购贸易数据，可能比企业调查数据更准确，并且更符合一些国家货物贸易、服务贸易统计相分离的传统。通过海关和其他物流数据分析数字订购贸易的方法已引起国际研究机构重视，世界海关组织（WCO）分别于 2017 年和 2018 年提出，要与世界贸易组织（WTO）、经济合作与发展组织（OECD）、联合国贸易和发展会议（UNCTAD）、万国邮政联盟（UPU）等国际机构紧密合作，建立一套有利于准确测度和分析跨境电子商务的通用数据和可靠机制，强化数据分析（包括大数据分析）对政策和决策的支撑，建立数据收集等相关的法律机制。UPU 正与 WTO、UNCTAD、OECD 合作，通过实时国际邮政信息追踪系统收集的交易和业务数据对 B2B 和 B2C 跨境电子商务进行分析。

通过海关获取数字订购贸易数据可能存在两个方面的问题。一是可能遗漏小额数字订购贸易。为了推动数字订购贸易的发展，许多国家采取了高低不等的海关豁免限额，低于限额的商品可以免于征收关税，脱离海关统计监测范围。虽然联合国货物贸易统计中没有计入限额以下贸易，但随着海淘类业务的发展，出现了数量众多的小额数字订购贸易，其数据对 B2C 跨境电子商务乃至数字贸易的分析具有一定价值。二是可能遗漏大额数字订购贸易。海关对数字订购贸易的认定，很大程度上依赖其是否通过数字中介平台。在小额数字订购贸易或 B2C 跨境电子商务中，数字中介平台的参与程度非常高，海关识别出所需数据的难度较小。但在大额 B2B 跨境电子商务中，企业可能通过自有网站或采销系统进行贸易，海关识别出分散的个体企业数据的难度则较大。此时，可能需要配合企业调查数据才能比较准确地掌握数字订购贸易的开展情况。

（二）中国数字订购贸易相关统计制度建设进展

中国在数字订购贸易的统计调查和研究方面做了大量工作，包括统计机构针对企业电子商务使用情况的调查、海关针对跨境电子商务的调查等，已经具备统计核算数字订购贸易规模的良好基础。

1. 企业调查

2017 年，国家统计局建立了互联网经济统计报表制度，其中的信息化和电子商务应用情况表要求规模以上工业企业、规模以上服务业企业等填报详细的电子商务使用信息。报表设计考虑了大部分可能出现的问题，区分了商品和服务、B2B 和 B2C、销售和采购以及境外部分的金额，此外，还对企业是否拥有电子商务平台进行了调查。如果能保证企业填报数据的准确性和一致生，通过该报表制度可以获取非常准确的数字订购贸易数据。国家统计局电子商务交易平台调查显示，2021 年我国电子商务交易额达 42.3 万亿元，同比增长了 19.6%。其中，商品类交易额为 31.3 万亿元，同比增长了 16.6%；服务类交易额为 11 万亿元，同比增长了 28.9%。

2. 海关统计

中国海关的跨境电子商务统计启动较早，并依托于跨境电子商务综合试验区（截至 2022 年 3 月全国累计设立 132 个）快速发展，处于世界领先水平。为了顺应外贸发展趋势和规范海关管理，海关总署建立了针对跨境电子商务的通关系统（CBEIS）和海关代码（9610、1210、1239、9710、9810）。其中，"9710" 和 "9810" 为 2020 年增列的针对 B2B 跨境电子商务的代码，解决了 B2B 跨境电子商务直接出口、跨境电子商务出口海外仓的监管问题，实现跨境电子商务监管从 B2C 向 B2B 拓展。海关总署对外贸企业和跨境电子商务平台提供的订单、物流和支付等信息进行交叉验证，实现进出口快速通关，并对跨境电子商务进行统计监测。根据海关总署公布的数据，2021 年我国跨境电商进出口规模达到 19237 亿元，其中出口约为 13918 亿元，进口约为 5319 亿元。

三、数字交付贸易统计测度分析

数字交付贸易属于服务贸易范畴，可将现有服务贸易统计体系作为数据获取的基础。目前，联合国贸易和发展会议（UNCTAD）提出的"ICT 赋能服务贸易"概念影响最广，其统计框架被许多国家的官方机构所采用。

（一）数字交付贸易统计测度方法与挑战

2014 年，在 WTO 举行的联合国国际贸易统计机构间工作组会议上，UNCTAD 的衡量 ICT 技术服务和 ICT 技术赋能服务工作组[①] 提交了关于衡量 ICT 赋能服务贸易的报告。UNCTAD 将 ICT 赋能服务贸易定义为"通过 ICT 网络（语音和数据网络）完成的远程交付服务贸易"，并限定为通过跨境交付（Cross-Border Supply）方式提供。在 UNCTAD 工作基础上，《手册》将定义中的 ICT 网络替换为计算机网络，排除了通过电话、传真和邮件提供的服务。该调整是为了与数字订购贸易的定义保持一致，但是对 ICT 赋能服务贸易的筛选和核算没有产生影响，因为几乎无法区分线上开展的服务是通过电话、网络还是其他方式进行的。在实际核算中，UNCTAD 进一步引入了潜在 ICT 赋能服务（Potentially ICT-enabled Services）的概念，也被称为可数字化服务贸易，即计算所有可以通过数字交付的服务贸易，以便最大化利用现有服务贸易统计体系和数据。具体而言，UNCTAD 基于联合国主要产品分类（CPC）将服务贸易分为可以通过数字交付的服务贸易和不可以通过数字交付的服务贸易两类（见表 2–5），并提供了详细的 CPC 代码、扩大的国际收支服务分类（EBOPS）代码与国际标准产业

---

① 成员包括 UNCTAD、联合国统计司（UNSD）、WTO、OECD、联合国西亚经济社会委员会（UN-ESCWA）、国际电信联盟（ITU）和世界银行（WB）。

分类（ISIC）代码对照关系。在此基础上，可以从现有服务贸易统计数据中计算出可数字化交付贸易部分的规模。目前，UNCTAD 已经在其网站上公布了各国 ICT 服务贸易和 ICT 赋能服务贸易的进出口额。

表 2-5　ICT 赋能服务贸易和非 ICT 赋能服务贸易

ICT 赋能服务贸易		非 ICT 赋能服务贸易	
1.1	ICT 服务—通信服务	2.1	运输业服务
1.2	ICT 服务—计算机服务（包括计算机软件）	2.2	货运服务
1.3	销售和营销服务（不包括贸易和租赁服务）	2.3	客运服务
1.4	信息服务	3.1	贸易和租赁服务
1.5	保险和金融服务	3.2	公用事业和基础设施相关服务
1.6	管理、行政和后台服务	3.3	农业、林业、渔业和采矿服务
1.7	许可服务	3.4	建筑服务
1.8	工程、相关技术服务和研发	3.5	健康和社会服务
1.9	教育和培训服务	3.6	面对面和娱乐服务
		3.7	维护和维修服务
		3.8	制造服务
		3.9	公共和会员组织服务

资料来源：UNCTAD。

　　采用 UNCTAD 方法统计数字交付贸易可能存在四个方面的问题。一是将 ICT 赋能服务贸易限定在跨境交付上可能不合理。《国际服务贸易统计手册》（MSITS）中，服务贸易总协定（GATS）确定了跨境交付、境外消费、商业存在和自然人移动 4 种供应模式。除了跨境交付外，其他模式也有可能出现通过计算机网络交付的服务贸易，例如，本国居民在其他国家境内获取的电信服务、国外数字服务企业在本国建立的分支机构为本国居民提供数字服务等。当然，充分考虑这些问题，将导致统计和分析变得更复杂。二是没有办法核算 ICT 赋能服务贸易中真正通过数字交付的部分。

UNCTAD 的 ICT 赋能服务贸易包括了实际正在通过数字交付的服务贸易和潜在可以通过数字交付的服务贸易。针对这一问题，UNCTAD 在 2018 年对哥斯达黎加、印度和泰国提供 ICT 赋能服务的企业进行了一项调查，结果显示大部分 ICT 赋能服务贸易实际上是通过数字化交付完成的，哥斯达黎加 97% 的 ICT 赋能服务贸易是通过数字化交付的，印度的数字交付率达到 81%，泰国的电信部门几乎都是通过数字交付方式出口。因此，UNCTAD 的 ICT 赋能服务贸易数据虽然不完美，但还是在很大程度上反映了数字交付贸易发展水平。三是忽略了无法通过货币反映的跨境数字流。跨境非货币数字流和数字交付贸易之间仅一线之隔。例如，在消费者数据问题上，随着数据确权、估值、交易、使用规则的完善，数据将变得真正有价值和可以进行贸易。这时非货币数字流将转变为货币数字流，即成为数字交付贸易的一部分。因此，非货币数字流的价值实现和有效衡量应作为数字交付贸易的重点进行考虑。四是数字中介平台的非显性中介服务费。出于不同目的，有的研究者可能关注平台促成的贸易规模，有的研究者则关注平台中介服务费。平台中介费统计的难点在于中介服务费可能隐藏在商品价格之中（类似于关税），消费者可能在不知情的情况下承受了一部分费用，导致很难准确统计核算属于数字交付贸易的平台中介费。

（二）中国数字交付贸易相关统计制度建设进展

中国在数字交付交易的统计测度方面主要参考了 UNCTAD 的方法，并加入了针对重点平台的统计调查。

1. 数字交付贸易核算

2024 年，商务部服务贸易和商贸服务业司发布了《中国数字贸易发展报告 2024》，基于 UNCTAD 方法和 WTO 数据分析了全球主要国家的数字交付服务贸易发展情况。其中，中国数字交付服务贸易由 2015 年的 2072.6 亿美元上升至 2023 年的 3859 亿美元，增长了 86.2%。报告还重点对中国数字技术贸易、数字产品贸易、数字服务贸易（主要限定在金融、保险、知识产权等领域）、数据贸易进行了分析。

2. 平台企业调查

国家统计局建立的互联网经济统计报表制度对数字中介平台进行了调查，包括电子商务平台、重点互联网出行平台、重点互联网医疗平台、重点互联网教育平台、合约类电子交易平台、全国粮食统一竞价交易平台和烟草电子商务交易平台 7 类。根据平台所面向行业的不同，调查表设计了不同的问题。其中，最重要的电子商务交易平台情况表对自营销售额、自营采购额、非自营交易额、交易服务费和广告收入等信息进行了统计。

四、完善数字贸易统计测度的思路

（一）进一步明确数字贸易概念与边界

清楚准确的数字贸易定义是各项统计测度工作开展的前提。《手册》提出的旨在统计的数字贸易概念框架，为统计测度提供了很好的参考，但也存在以下三点不足：第一，该概念框架最大化利用了现有国际贸易统计体系，但是对数字贸易中的一些新模式、新业态缺乏有效衡量办法；第二，将数字订购贸易和数字交付贸易简单相加的做法可能存在较大问题，例如电子商务平台营收、电子商务交易额都能反映电子商务的发展水平，是同一事物在不同方面的体现，不能简单用数值相比较；第三，该概念框架仅考虑了国际收支服务贸易统计（BOP）的数据，忽略了外国附属机构服务贸易统计（FATS）的数据。

（二）加强数字贸易典型业态统计测度

现阶段方法得出的数字贸易规模数据可能将一些非常重要的信息掩盖。数字贸易中数字交付贸易部分的统计沿用了传统服务贸易的统计方法和分类，无法单独对一些非常关键的数字贸易业态进行统计。这些数字贸易业态在整个数字贸易体系中发挥着基础设施的作用，为其他所有数字贸易的开展提供支持。例如，苹果推出 iOS 手机操作系统，为全球开发者创作和销售 App 提供了良好的应用生态，并从销售额中抽取 15%~30% 作为佣金。其中，苹果提供的应用生态服务就属于重要的数字贸易业态，使基于其系统的 App 贸易能更好地开展。总体而言，重要的数字贸易业态可能还包括通信、云服务、各类数字中介服务、社交媒体、搜索引擎和数字金融等，须强化对各业态发展情况的监测。

（三）构建数字贸易综合评价指标体系

数字贸易政策的制定需要多维度的数据支持，除了对数字贸易的总体规模进行统计测度，还应围绕数字贸易重点、难点问题设计量化综合评价指标体系。建议从技术应用、新模式发展、经济影响、监管治理、国际规则 5 个维度构建指标体系。从技术应用维度，关注 ICT 技术在货物贸易、服务贸易各领域、各环节中的应用和发展情况；从新模式发展维度，与数字贸易统计基本一致，关注跨境电子商务、ICT 赋能服务贸易等的发展；从经济影响维度，进一步量化数字贸易对收入、就业、产业结构等的影响；从监管治理维度，关注各国在数据跨境流动规则、个人隐私保护、数字服务监管和知识产权保护等方面的工作；从国际规则维度，关注各国是否形成明确的数字贸易规则主张，是否将数字贸易加入双多边贸易谈判中。

执笔人：岳云嵩[①]

---

① 岳云嵩，中国信息通信研究院政策与经济研究所高级工程师。

地区探索

北京市数字贸易发展情况与展望

全球数字经济蓬勃发展，催生出以数据为关键生产要素、数字服务为核心、数字订购与交付为主要特征的数字贸易，成为国际贸易发展的一个重要趋势。在推进数字贸易发展中，北京市依托全球数字经济标杆城市建设，紧抓国家服务业扩大开放综合示范区和中国（北京）自由贸易试验区（以下简称"两区"）建设机遇，积极构建以"数字贸易港"为平台的创新格局，推动数字贸易试验区建设，持续开展数字贸易制度、政策和统计测度创新实践，形成了数字贸易发展的"北京经验"。

一、北京数字贸易发展的特征与成效

（一）数字贸易规模占全国近 1/5

北京数字企业聚集、数据资源汇集，具有贸易需求旺盛、数字技术领先、数据要素生成便利、数据规则先行先试等发展优势，数字贸易高质量发展稳步推进。按照商务部对数字贸易（即数字化的服务贸易）的统计口径数据，2018—2022 年，北京数字贸易进出口额从 4053.2 亿元增至 4887.3 亿元，年均增长 4.8%，占全市服务贸易总额的比重从 38.1% 提升到 49.3%，占比高出全国（41.9%）7.4 个百分点，数字贸易在服务贸易中的主导地位不断巩固。2022 年，北京数字贸易进出口同比增长 8.6%（见图 3-1），快于全国 0.8 个百分点，占全国数字贸易进出口总额（25068.5 亿元）的 19.5%。从进出口结构看，2022 年，北京数字贸易实现出口 2740.1 亿元，占服务贸易出口总额的 63.4%；数字贸易进口 2147.1 亿元，占服务贸易进口总额的 38.4%。与全市服务贸易的逆差相反，北京数字贸易则呈现明显的顺差。

图 3-1　2018—2022 年北京数字贸易规模及增长情况

资料来源：作者根据相关资料整理。

（二）重点领域数字贸易优势突出

从不同行业看，北京信息技术、金融保险、文化娱乐等领域的数字贸易在全国地位举足轻重。2022 年，其他商业服务和电信、计算机和信息服务两个领域贸易贡献最大，分别占全市数字贸易进出口总额的 34.4% 和 30.2%；保险服务，金融服务，个人、文化和娱乐服务贸易在全国具有突出优势，占全国同类贸易的比重分别达 62.8%、27.4%、46.5%，其中，保险服务进出口突破千亿元，同比增长达 27.6%。从出口看，其他商业服务出口占全市数字贸易出口的 44.6%，占全国同类出口的 18.2%，是北京市数字贸易出口第一大类；电信、计算机和信息服务出口也在千亿元以上，分别占全市数字贸易出口的 42.6% 和全国同类出口的 20.2%；知识产权使用费出口同比增长18.6%，增速为数字贸易各领域之首，体现了北京市技术创新与知识产权国际竞争力较快提升。

（三）跨境电子商务发展活力日益凸显

近年来，北京市努力优化跨境电商政策环境，支持跨境电商平台、海外仓、体验店等新业态新模式加速发展，鼓励企业拓展数字化渠道。2022 年，全市跨境电商进出口额同比增长近 20%，其中 B2B 跨境电商出口额同比增长 1.1 倍。跨境电商销售医药产品是一次重大政策突破，近 3 年来试点规模持续扩大，参与试点的电商平台已增至 6 个。2022 年，跨境电商零售进口药品试点进口量同比增长 1.5 倍。2023 年 1 月至 5 月，进口额突破亿元，有力促进了境外消费回流。创新推出"免税、保税和跨境电商政策衔接"试点政策，企业可先将待售商品运至综合保税区内进行保税存储，再根据不同的销售策略分批销售，从而实现"免税、跨境一盘货"。目前，这一新模式已覆盖 SKP、798 艺术区、秀水街等多个重点商圈，实现了跨境电商产品看得见、摸得着、有感知、有体验，有效带动消费提质扩容。

（四）数字贸易形成区域化特色发展格局

北京统筹布局全市数字贸易发展，引导各区协同推进数字贸易试验区建设。海淀区制定实施方案，立足中关村软件园国家数字服务出口基地，探索建设国际信息产业和数字贸易港；在访问国际学术网站方面率先突破，有效助力科研机构和企业的前沿技术突破、专利研发和市场拓展。朝阳区立足数字经济核心区建设，成立北京 CBD 跨国企业数据流通服务中心，成为全市服务数据跨境市场的首个实体窗口；中关村科技园朝阳园是全市唯一入选国家首批地理信息服务出口基地的园区。大兴区高标准建设"贸易数字化示范区"，落地"京贸兴"国际贸易公共服务平台。平台投用一年来，已为 40 多家企业提供离岸贸易数智化合规服务，累计金额近 60 亿元，并逐步为津冀及其他地区自贸区开展离岸贸易业务提供支持。

二、北京推进数字贸易发展的创新性做法和经验

（一）持续引领全国互联网信息领域开放

近年来，北京不断深化互联网信息服务重点领域开放，推动技术快速更迭，促进数字贸易新业态落地，起到全国示范引领作用。在全国首批持续推动科研机构访问国际学术前沿网站并提供安全保障服务，为北京量子科学研究院等 70 家科研机构与高新技术企业开通访问外网账号权限。向外资开放国内互联网虚拟专用网业务（VPN，外资股比不超过 50%），目前外资企业可在北京全域范围内申请 IP-VPN 业务许可。取消信息服务业务（仅限应用商店）外资股比限制，推动苹果应用商店广告业务在中关村科技园海淀园落地，服务范围涵盖苹果全球应用商店。建立适应海外客户需求的网站备案制度，设置专岗专人负责对接，缩短备案审核时间，由 20 个工作日缩短为 5 个工作日。

（二）推动一批数据跨境场景落地

自 2022 年 9 月 1 日《数据出境安全评估办法》实施以来，北京市率先开通全国首个地方申报受理咨询专线，推动国家数据出境安全评估制度在京率先落地。其中，首都医科大学附属北京友谊医院与荷兰阿姆斯特丹大学医学中心合作研究项目、中国国际航空股份有限公司项目相继成为全国首个、第二个获批数据出境安全评估项目；北京现代汽车有限公司数据出境安全评估项目也通过审批，成为我国首个汽车企业全业务场景数据出境安全评估案例。此外，北京又完成了全国首家企业个人信息出境标准合同备案，标志着中国个人信息出境标准合同正式落地实施。北京已成为数据跨境传输机制落地实施的先行者。

（三）着力培育发展国际化的数据要素市场

北京市持续优化公共数据开放平台能力，形成数据公开常态化机制，无条件开

放数据量全国领先，2022 年，全市数据要素市场规模约为 350 亿元，占全国的 39%。成立了北京国际数据实验室、IDSA 中国能力中心，签署了全球数据流通合作协议。首次发放了北京市数据资产登记证书、全国工业数据专区数据登记双证书，首次入驻了北京市数据资产入表试点企业、数字资产登记平台发行方，首轮签约了北京市数据资产金融创新试点、数据定价合作机构，为首批 6 家单位办理数据知识产权登记证书。

（四）创新搭建数字贸易多元化支持平台

北京持续以高能级国际活动助推数字贸易高质量发展，中国国际服务贸易交易会已成为展现数字贸易新类别、新模式、新成果，深化数字贸易合作的重要国际平台；全球数字经济大会发出《全球数字经济伙伴城市合作倡议》，扩容北京数字贸易"朋友圈"，成功举办全球数字经济创新大赛、全球 AI 大数据竞赛等活动，探路全球数字贸易新空间。推动建设面向国际的数字产业平台，北京国际开源社区正式启航，汇聚全球开发者共建共享，上线 AtomGit 代码协作平台，助力开源事业发展；推动全球首个网联云控式高级别自动驾驶示范区取得突破性进展，积极向全球推广车路云图一体化智能网联汽车的"中国方案"与"中国标准"。

（五）积极完善数字贸易配套政策制度

推动数字贸易相关政策创新，发布北京"数据二十条"（《关于更好发挥数据要素作用进一步加快发展数字经济的实施意见》），明确提出开展国家数据基础制度先行先试，率先落实数据产权和收益分配制度，加快推动数据资产价值实现，全面深化公共数据开发利用，大力发展数据服务产业，加强数据要素安全监管治理等，确保政策实效。积极落实国务院《关于在有条件的自由贸易试验区和自由贸易港试点对接国际高标准推进制度型开放的若干措施》，完善配套措施，促进数字贸易健康发展。依托"两区"建设，深化北京数字营商环境改革，推动数字证书和电子签名的国际跨境互认，进一步降低数字贸易壁垒。

三、北京数字贸易下一步发展思路与重点

北京将继续发挥"两区"建设重大开放优势，紧跟国际新趋势、参与构建新规则，在营造创新发展生态、强化数字贸易主体培育等方面发力，争创国家服务贸易创新发展示范区和数字贸易示范区，培育一批具有全球数字技术影响力、数字资源配置力和数字规则话语权的数字贸易龙头企业，打造北京服务贸易亮点品牌，为全球数字贸易发展与合作贡献积极力量。

（一）夯实数字技术与基础设施支撑

加强数字核心技术研发与创新，增强在大数据、云计算、区块链、人工智能、5G通信、物联网等方面的自主发展能力，创新布局6G、未来网络、类脑智能、量子计算、元宇宙等未来前沿科技领域，提升关键核心技术自主权和创新能力，稳步推进数字技术贸易。完善高品质通信基础设施体系，构建智能感知、高速互联、智能集约、全程覆盖、协同调度的数据原生基础设施和数据流通算力网络。

（二）加快数字技术赋能服务贸易发展

充分发挥北京国际科技创新中心建设的引擎作用，拓展数字技术应用场景，加大旅游、运输、建筑等传统服务贸易领域数字化改造力度，支持数字金融、数字内容、在线教育、智慧医疗、智慧物流、智能建造等新业态发展。推进服务外包创新发展，培育云外包、众包、平台分包等新模式。支持数字贸易公共服务平台建设，鼓励区块链技术在跨境支付、跨境结算等领域的应用创新。

（三）培育壮大数字贸易市场主体队伍

依托中关村软件园、临空经济区、CBD、金盏国际合作服务区等重点园区平台，培育集聚多元化数字贸易企业。完善数字贸易企业发展环境，建立大企业引领、以小带大、上下游协同、产业联动的产业生态系统。以技术先进、核心竞争能力强大的平台企业为引领，增强其普惠性，提升中小企业运用互联网平台参与国际市场的能力，带动中小数字贸易企业共同发展。鼓励数字贸易企业整合利用全球资源，对标国际规则完善贸易制度规范和标准。

（四）优化数据跨境流动安全管理机制

深入推进本地数据的分级分类，完善数据出境的安全评估机制，依托技术和规则创新，在数据存储本地化和跨境流动之间找到新的平衡。充分发挥北京国际大数据交易所的引领作用，持续完善跨境数据流动的审查、定价、交易、争议处理的规则体系，提升数据资源在全球的配置能力。鼓励龙头企业借助第三方机构实施数据跨境流动认证评估，利用市场化机制提升数据跨境流动效率。积极探索数据贸易，逐步形成较为成熟的数据贸易模式。

（五）深化数字贸易多维度国际合作

发挥好"两区"和服贸会、中关村论坛、全球数字经济大会等国家重点开放平台的优势，持续在数字贸易领域先行先试，对标国际先进规则，加强制度创新，推动北京实施更高水平的数字贸易开放举措，为全国统筹开放与安全积累经验。推动主要企业、协会等积极参与数字贸易相关领域国际标准和规则制定，确立数字技术规范、产业标准。拓展数字贸易合作伙伴，优化国际布局，深化合作领域，创新合作机制，共创共享数字贸易发展机遇。

上海市数字贸易发展情况

近年来，上海市牢牢把握数字经济发展机遇，大力发展数字贸易，主动对标高标准国际经贸规则，优化数字贸易发展促进政策，集聚和培育数字贸易标杆企业，打造数字贸易品牌活动，加快打造数字贸易国际枢纽港。

一、上海市数字贸易发展成效

根据知识密集型服务贸易统计口径，2022 年，上海市数字服务贸易进出口额达 1000.5 亿美元，同比增长 5.8%。跨境电商进出口额 1841.2 亿元人民币，同比增长 38.6%。

（一）云服务领域

上海市云计算产值规模超千亿元，行业云等新赛道不断涌现。技术云、健康云、智能云等一批重点项目加快落地。跨国公司云赋能创新中心、联合实验室加快推动云服务生态完善。中国商飞摩尔云平台搭建面向全球、虚拟形态、基于互联网的研发和技术交易平台。上海亚马逊云科技生命健康数字化赋能中心是亚马逊云科技在中国设立的首个赋能中心，致力于加速中国医疗和生命科学行业的数字化转型与创新。微软人工智能和物联网实验室成功赋能近 160 家企业，应用场景遍布制造、零售、医疗、金融、城市建设等领域。

（二）数字服务领域

上海市作为服务外包示范城市，将服务外包产业作为扩大生产性服务业出口的重要抓手和承接全球服务业转移的重要渠道，加快推进转型升级。全市服务外包产业克服新冠疫情不利影响，规模再创历史新高，其中，离岸服务外包合同和执行金额分别为208.5亿美元、145.9亿美元，分别同比增长31.6%、22.5%，高于全国平均增速13.9、17.5个百分点。

随着上海市城市数字化转型加快，数据服务、数字广告等新兴业态为上海市数字贸易发展注入活力。中国航天科技集团有限公司八院抓总研制的风云气象卫星为"一带一路"沿线提供国家级气象服务产品；上海国际广告节以广告业的国际化交流推动上海市数字广告企业出海。浦东软件园国家数字服务出口基地、北斗西虹桥地理信息服务出口基地、漕河泾知识产权服务出口基地、苏河湾人力资源服务出口基地等一批国家级特色服务出口基地成为助推数字贸易高质量发展的重要载体。

（三）数字内容领域

培育32家2021—2022年国家文化出口重点企业和12个重点项目，支持企业积极开拓海外市场，以上海实践讲好中国故事，传播中国精神和中国价值观。

截至2023年，上海交通大学出版社出版的《平易近人：习近平的语言力量（外交卷）》已输出20个语种版权。米哈游融合传统戏剧元素的《神女劈观》视频海外播放量超3000万。上海沐瞳科技有限公司《Mobile Legends: Bang Bang》成功入选第32届东南亚运动会正式比赛项目，最高同时在线人数达到221万，总观看时长达到1785万小时。喜马拉雅国际版App将逾1600部优质正版中文有声内容面向海外华人和全球中文听众提供收听服务。阅文集团成功输出《庆余年》《赘婿》《琅琊榜》等优秀网文IP，海外门户网站向海外用户提供约2100部中文翻译作品，吸引全球近19万名作家创作了约37万部当地原创作品。

（四）跨境电商领域

上海市率先在全国实现跨境电商运营模式全覆盖，成为全国运营模式最全的跨境电商综合试验区。围绕跨境电商综合试验区建设，通过线上服务平台搭建和线下示范园区建设，培育形成跨境电商生态圈；完善监管服务，推动跨境电商进口和出口、保税和直邮、To B 和 To C 等多模式共同发展，跨境电商无票免税和所得税核定征收政策在上海市落地。此外，上海市支持企业建设面向海外市场的线上营销网络，实施精准品牌营销、社交营销和搜索营销。完善跨境电商公共服务平台功能，开通线上资源撮合服务，匹配企业的仓储、物流和支付需求。举办"出海优品"系列线上贸易促进活动，对接海外资源网络，支持外贸企业通过跨境电商出海。

二、开展的主要工作

（一）对标国际经贸规则开展先行先试

一是开设上海数据交易所国际板。启动建设上海数据交易所国际板，国际板将首先重点打造数据进口市场，形成服务海外数据"引进来"的能力，逐步探索数据跨境双向流动及数据出境的方式与机制，构建数据跨境可信流通体系，实现全球数据互联互通。举办全球数商大会，联合国际数据空间协会、新加坡贸易数据交易所、英国标准协会等国内外 15 家机构，发布《国际数据流通合作伙伴上海倡议》。

二是对接无纸化贸易规则。推动基于区块链技术的电子单证应用，打造全面高效的一站式全球通关服务体系，助力提升国际贸易中心和国际航运中心能级。上线中远海运"远海通"智能关务平台系统，借助全球航运业务网络联盟（GSBN）的数据资源、模式创新和数字化技术，拓展航运物流业务的场景应用。平台充分利用区块链技术不可篡改、可追溯、可信任等优势，推出基于区块链电子提单的进口全程数字化、无接触放货方案，为客户提供全程"无纸化"贸易结算新服务。全面打通全球航运业务网络联盟（GSBN）区块链平台、中远海运特运数字航运平台、中国外轮代理大船代平台等关键节点，实现散杂货领域全国首单基于区块链电子提单的无纸化放货。

（二）打造高能级数字贸易区域载体

一是建设数字贸易国际枢纽港临港示范区。《探索数据跨境流动　推进国际数据港建设》案例入选国务院服务贸易发展部际联席会议办公室全面深化服务贸易创新发展试点第三批"最佳实践案例"。打造世界级信息基础设施，建设"信息飞鱼"全球数字经济创新岛，吸引全球数字产业资源。启动运营国家（上海）新型互联网交换中心和国际互联网数据专用通道，启动建设商汤科技人工智能计算中心、上海移动临港 IDC 研发与产业化基地等一批高等级云数据中心。建设跨境数字信任、数据流通云安全等 12 个联合实验室，积极探索数字信任、数据跨境流动标准化建设，依托技术标准促进创新研发与转型发展。

二是提升国家数字服务出口基地能级。加强浦东软件园国家数字服务出口基地与德国中小企业联合会、新加坡企业中心等境外组织的交流合作，对接国际创新孵化平台，加速国际孵化项目落地，实现优势项目合作。2022 年，基地数字服务出口额为 19.7 亿美元，同比增长 24.9%。

（三）完善数字贸易公共服务平台建设

一是搭建海外仓综合服务平台。集成海外仓货物出口通关、境外销售、国际物流等信息，构建海外仓境内外全流程数字化贸易闭环，为跨境电商海外仓出口退税、收结汇提供贸易过程溯源、真实性验证等服务，为数字化智能监管提供信息支撑。解决跨境电商企业在海外仓出口中面临的数据归集、出口退税、收结汇等痛点堵点，进一步释放跨境电商出口海外仓发展潜力。

二是落户国内首个数字人民币数字贸易创新孵化基地。充分发挥数字人民币数字贸易创新孵化基地的作用，发挥上海"数字经济"先发优势，利用数字人民币智能合约技术，探索数字人民币在数字贸易中的应用模式创新。

三是举办首届上海数字贸易论坛。以"数字贸易枢纽港　开放合作新启航"为主题，举办首届上海数字贸易论坛。遴选发布 100 家上海数字贸易创新企业，进一步发挥创新企业的引领带动作用，推动数字技术、数字产品和应用场景的创新发展。

三、下一步工作打算

上海市将紧紧围绕城市数字化转型的目标，大力发展数字贸易新模式新业态，加快建设要素有序流动、功能完善、总部集聚的数字贸易国际枢纽港。一是对标高标准国际经贸规则，开展压力测试。主动对标高标准国际经贸规则，加快数字贸易扩大开放，利用数字技术提升货物贸易自由化便利化水平，加强知识产权保护，推进高水平全方位制度型开放。二是加强数字贸易国际合作，推动高质量发展。办好上海数字贸易论坛，搭建高水平合作交流平台。提升上海数据交易所国际板能级，构建跨境数据交易制度体系，探索发展数据贸易等新业态新模式。推进实施文化贸易"千帆出海"计划，讲好上海故事，扩大数字内容出海规模。

浙江省数字贸易发展成效与经验

近年来，以数据为生产要素、以数字服务为特征的数字贸易蓬勃兴起，正成为全球贸易的新形态、未来贸易发展的新引擎。浙江省积极发挥数字经济先发优势，充分利用数字化改革红利，围绕打造全球数字贸易中心这个核心任务，通过加强规划实施、打造示范载体、推进先行先试等举措，全面推进浙江省数字贸易高质量发展，在政策文件、组织机构、规则标准、示范载体、国展平台、统计监测等多个领域作出先行探索。

一、加强规划实施，完善数字贸易监管制度

（一）出台数字贸易政策文件

对标最高国际经贸规则，借鉴国内先进经验，围绕数字贸易全产业链，制定出台《中共浙江省委 浙江省人民政府关于大力发展数字贸易的若干意见》（以下简称《若干意见》）。这是全国首个以省委、省政府名义印发的数字贸易政策文件。文件提出浙江省建设数字产业集聚区、数字金融创新区、数字物流先行区、数字监管标杆区四大定位，明确把数字贸易打造成为建设"重要窗口"和共同富裕示范区的"金名片"的地位要求。文件围绕构建数字贸易产业、平台、生态、制度、监管五大体系，提出做好数字贸易示范区、数字自贸区等八项核心任务。由省商务厅牵头，联合省委网信办、省经济和信息化厅等 15 家省级单位成立浙江数字贸易工作专班，建立了季报、例会、信息、智库等工作机制，确保《若干意见》落实到位。

（二）统一语义语境

学习借鉴国际货币基金组织（IMF）、世界贸易组织（WTO）等国际组织相关定

义，通过 V 形图、鱼骨图等图表工具厘清数字贸易定义和内涵，编制《数字贸易定义集》，按照综合篇、数字服务篇、数字平台篇、数字技术篇、浙江篇等五大板块梳理了数字贸易相关定义 100 余项。发布全国第一个省级数字贸易分析报告——《2019年度浙江省数字贸易分析报告》，汇编《浙江数字贸易创新应用优秀案例》和《数字化改革数字贸易最佳实践案例》。其中，《浙江数字贸易创新应用优秀案例》在 2021年中国国际服务贸易交易会上发布，获人民网、央广网、中国新闻网、《浙江日报》等主流媒体报道。

（三）探索规则标准

成立全国首家省级数字贸易协会，组建全国首家数字贸易研究院——浙江省钱塘数字贸易研究院，成立全国首个省级数字贸易标准化技术委员会，建立浙江省数字贸易专家委员会。联合之江实验室、中国计量大学开展数字贸易规则与标准研究合作，发布数字贸易领域的全国首个标准——《数字贸易　通用术语》团体标准。加强杭州电子商务交易保障技术委员会建设，强化组织保障机制建设，搭建高端人才智库，不断深化全球交流合作，积极推进国际标准研制。联合浙江国际数字贸易协会、中国计量大学、蚂蚁科技、中南卡通等 15 家机构，发起成立"数字贸易标准化产学研联盟"。成立省级《数字经济伙伴关系协定》（DEPA）工作专班，积极开展课题研究，形成一批研究成果，有针对性地提出了五方面 16 条浙江省可以参与谈判或提供实践的条款，谋划创建中国和新加坡"两国双园"项目。举办数字贸易规则标准高峰论坛，重点设置了"DEPA 与全球数字经济发展"环节，邀请 DEPA 成员国相关机构代表及国内权威专家，共同探讨如何在 DEPA 规则标准框架下助推数字经济和数字贸易高质量发展，在国内外产生了较大影响。举办系列数字贸易研讨活动，形成《浙江省数字贸易理论成果汇编》《钱塘数字贸易论坛理论成果汇编》以及重点研究论文成果 5 篇和数字贸易理论研究系列成果 4 项。

二、打造示范载体，强化数字贸易平台建设

（一）打造"数字自贸试验区"

按照浙江省委、省政府提出的"推进数字自贸区先行突破"工作要求，围绕构建数字贸易生态圈和数据产业链，出台"浙江数字自贸区三年行动计划"，联合商务部研究院等国内高端智库研究形成《浙江自贸试验区数字自贸区制度创新》课题报告。以建设全球数字贸易中心为目标，打造以数字贸易为核心的自由贸易试验区，在数字产业化、产业数字化、数字流通、数字支付及数字人民币、数字治理等领域形成产业链、供应链、创新链和价值链全球高地。构建集确权、归集、加工、存储、交易、流动、监管于一体的数据产业链，积极推进实现数据作为基本要素体现市场价值的自由贸易试验区。

（二）大力推进国家特色服务出口基地建设

制定《浙江省深化服务贸易发展基地建设总体方案》，联合省委宣传部、省经济和信息化厅、省科技厅等 7 部门培育认定省级服务贸易发展基地 37 个。目前，浙江共有数字服务、文化服务、知识产权服务、地理信息服务、中医药服务、人力资源服务等方面的 8 个国家级特色服务出口基地，总量位居全国前列。特色基地已经成为助推数字贸易高质量发展的重要载体，特别是作为体现数字贸易核心产业的国家数字服务出口基地，围绕共同探索数字贸易高标准规则，与泰国数字智慧谷建立双边合作机制。积极开展跨境数据交流专用通道试点，启动数据跨境流动压力测试。上线"浙江省知识产权区块链公共存证平台"，开展全国首批基于区块链存证的数据知识产权质押业务。重点打造"多跨协同"数智通关平台，形成了以物联网、云计算、大数据、网络信息安全为主导的高精尖数字产业链。加快推进贸易外汇收支便利化试点工作增量扩面，试点企业享受收付汇手续简化、特殊原因超期限退汇免登记等便利化政策，

企业向银行提出付汇申请到资金跨境付出所需时间缩减 4/5，从货物售出到外汇到账时间缩减 1/5。2021 年基地服务贸易出口 22.8 亿美元，其中软件和信息技术服务占比 87%。

（三）全省域推进跨境电商综试区建设

继 2015 年杭州综试区在全国率先获批设立后，浙江省抢抓国务院扩大跨境电子商务综合试验区试点机遇，积极争取更多名额，实现综试区全省域覆盖。2016—2020 年，宁波（2016 年 1 月，第二批），义乌（2018 年，第三批），温州、绍兴（2019 年 12 月，第四批），湖州、台州、衢州、丽水（2020 年 5 月，第五批）等地陆续获批设立综试区，随着 2022 年 1 月金华、舟山获批，浙江共有 12 个跨境电商综试区（11 个地市 + 义乌），实现省域全覆盖。以杭州、宁波、义乌综试区为龙头，全省综试区努力探索出"六体系两平台"的建设样板和众多政策创新、制度创新、理论创新成果。同时，浙江率先探索开展综试区考核评价工作，建立评价指标体系，实行季度、半年度、年度通报。

（四）高标准举办全球数字贸易博览会

成功举办首届全球数字贸易博览会（数贸会），爱尔兰担任主宾国，北京、上海、四川担任主宾省（市），7 个国际组织、53 个国家（地区）、32 位驻华使馆和驻沪总领馆嘉宾线上线下出席，全国 11 个省市组团参会，举办了国家数字服务出口基地高峰论坛、数字文化贸易高峰论坛等 26 场高端论坛活动，发布了《中国数字贸易发展报告（2021）》《中国服务外包发展报告（2021）》等一系列重要研究成果，800 余家数字贸易领域重点企业参展，实现贸易投资额近 1500 亿元，成为全球数字贸易领域的重要风向标。第二届数贸会于 2023 年 11 月 23 日至 27 日在浙江杭州国际博览中心举办，主题为"数字贸易　商通全球"，展览展示全球数字贸易领域发展趋势和行业发展成果以及我国数字贸易发展成就，广泛邀请中外国家领导人、国际组织负责人、国家部委和中央机构有关负责人、各省（自治区、直辖市）有关领导、行业商协会负责人、知名专家学者和全球数字贸易头部企业参会参展，聚焦 DEPA、CPTPP 等前沿经贸协定和数字贸易热点议题举办会议论坛和经贸投资洽谈活动，联合权威机构发布系列重大研究和合作成果，引领全球数字贸易发展风向。

（五）探索建设数字贸易示范区

2021 年 9 月 2 日，国家主席习近平在全球服务贸易峰会上发表视频致辞中提出要打造数字贸易示范区。[①] 浙江省积极先行探索，早在 2020 年 10 月就率先出台了《浙江省数字贸易先行示范区建设方案》，围绕数字贸易新基建、新业态、新场景、新能级和新体系等"五新"细化明确了 23 项建设任务，并提出 108 条政策制度创新清单。2022 年 1 月，又印发了《浙江省数字贸易先行示范区核心区建设方案》，以更好发挥自主创新示范区和自由贸易试验区数字经济领域"双自联动"先行优势，高质量建设先行示范区核心区。牵头制定并推动省长三办印发《加快虹桥国际开放枢纽南向拓展带数字贸易创新发展区建设方案》，努力建设虹桥国际开放枢纽南向数字创新发展带、长三角跨境电商集聚联动带和区域性数字服务贸易特色产业带。当前，正结合创建国家服务贸易创新发展示范区，积极谋划推进创建一批省级数字贸易示范区。

三、推进先行先试，加快数字贸易创新探索

（一）全面深化服贸创新发展试点

杭州连续三轮入选国家服务贸易创新发展试点，目前 107 项全面深化试点任务已全部完成。"数智化"在线商事调解模式等 8 个案例成功入选国务院服务贸易创新发展

---

① 习近平：《在 2021 年中国国际服务贸易交易会全球服务贸易峰会上的致辞》，新华社，2021 年 9 月 2 日。

试点"最佳实践案例"。"以数字化新媒体为抓手 推动扩大服务影视出口"案例入选国家文化出口基地首批"创新实践案例","全链路服务助力数字外贸增长"等 6 个案例入选"2021 年中国国际服务贸易交易会服务示范案例"。2021 年度，中国服务外包示范城市及申请城市综合评价 7 项单项评价中，杭州市产业发展情况、加分项、专家评审 3 项全国第一，宁波市政策措施保障全国第一，杭州、宁波两个城市综合得分均进入全国前八，其中，杭州市综合得分 73.26 分，全国排名第 4，宁波市综合得分 67.3 分，全国排名第 7。浙江省服务贸易规模常年位居全国第一方阵，2020 年、2021 年、2022 年连续三年总额位居全国第 4。2022 年浙江省离岸服务外包执行额超过山东，位居全国第 3。

（二）培育数字贸易产业主体

联合财政部门每年投入资金 2000 万元，组织实施数字贸易高质量发展重点项目计划，2022 年度评选人工智能、图像处理、导航定位等领域的优质项目 20 个。开展"店开全球""品牌出海""独立站领航"三大行动，截至 2023 年 11 月，全省跨境电商出口活跃网店约 17.6 万家。连续三年发布"浙江数字贸易企业百强榜"。协调国家服务贸易创新引导基金落地杭州成立浙江省数字贸易创新发展基金，总规模 50 亿元。大力推动省级层面成立浙江省国际经济博览中心，抓好重点展会举办和全省会展业统筹发展。

（三）打造数字贸易"单一窗口"

依托浙江数字化改革，着眼促进数字贸易产业发展，聚焦推进数字服务贸易和跨境电子商务便利化，建设数字贸易数字化综合服务平台——数字贸易"单一窗口"。通过综合集成海关、税务、外汇、商务等部门数据信息，精准实现数字贸易和服务贸易统计监测、分析研判，完善业务审批、通关便利、惠企政策、开拓市场等各贸易环节服务，促进决策科学化、管理精准化、服务高效化。利用"单一窗口"，在全国率先开展服务贸易中央外经贸资金全流程线上申报，减少了纸质材料的浪费与堆积，实现了材料流转便捷、实时跟踪、全程留痕。创新开通数据交叉对比、批量核验等功能，大

135

大提高凭证验证和审批的工作效率，并可用在其他项目或资金申报业务中，成为可复制、可推广的优秀经验做法。完善数字贸易统计监测体系，开展服务贸易、数字贸易统计攻坚，历时 9 个月形成近 2 万字的《浙江省服务贸易和数字贸易统计体系研究》专项研究报告，率先将服务贸易、数字服务贸易切分到全省 90 个县市区和 6 个功能性行政区块，每月公布各市数字贸易指标，推动将数字服务贸易增量纳入"一号开放工程"指标晾晒体系。

（四）创新跨境数据管理模式

积极开展数据出境安全评估工作，在微信公众号开设数据促进板块，专栏开通省数据出境安全评估申报和通信通道，发布浙江省数据出境安全评估材料指引、申报工作系列问答、浙江省个人信息出境标准合同备案指引等 14 篇指导文件，累计接听咨询电话 1000 余通，解答问题 2500 余个，为企业进行精准的政策辅导。通过举办全省的数据安全治理培训班，赴企业实地调研等方式，为企业提供全流程指导服务，助力企业高效完成数据安全评估。截至 2023 年 7 月，共收到 20 家企业的 34 个业务场景的数据安全评估申报材料，其中有 18 家被中央网络安全和信息化委员会办公室受理，受理企业数量目前位居全国第 4，已经有 10 家企业通过了国家的数据安全评估，通过率位列全国第一。

下一步，浙江将紧紧围绕打造全球数字贸易中心总目标，坚持改革引领、数据赋能、创新驱动，努力打造全球数字变革高地，培育浙江国际合作与竞争的新优势。

四、下一步发展思路

（一）构建数字贸易发展体系

大力贯彻落实《若干意见》，以数字化改革为牵引，以打造全球数字贸易中心为目标，以数字自贸区建设为核心，以数字贸易示范区为载体，推动数字贸易实现规则重塑、价值重塑和优势重塑，构建数字贸易全产业链，建设国内国际双循环的数字贸易战略枢纽。到 2025 年，初步建成全球数字贸易中心。

（二）大力发展数字服务贸易和跨境电商

坚持数字赋能服务贸易，推动服务供给端数字化创新和需求端数字化消费，做大做强技术离岸服务外包，推动数字内容、数字技术的国际化，形成较为完善的数据及衍生品流通交易模式。深化"产业集群＋跨境电商"发展，培育壮大主体规模，打造自主品牌，支持传统外贸、制造和流通企业加快贸易数字化转型。建立包括综合性平台、垂直平台、独立站在内的多元跨境电商渠道体系，支持企业通过直播、社交媒体、短视频等方式开展数字化营销。

（三）打造高能级数字贸易平台

构建"1+N"的平台体系。"1"就是建设数字自贸区，充分发挥自贸试验区先行先试优势，借鉴油气全产业链建设思路，探索打造数字贸易全产业链和数据全产业链。"N"指系列平台，主要有三个：一是国家服务贸易创新发展示范区，加强与自贸试验区建设联动，发挥浙江数字经济优势，加大服务贸易制度创新和政策创新力度；二是跨境电商综试区，持续完善"六体系两平台"，不断探索创新管理制度和规则，扩大进出口规模，增强浙江省外贸发展新动能；三是全球数字贸易博览会，打造"参与全球贸易规则制定、展示数字经济发展成果"的具有国际影响力的数字贸易平台。

（四）加快构建数字贸易发展的良好生态体系

建立智慧化数字供应链体系，加快建设数字贸易"单一窗口"，深化全省数字口岸一体化。支持和鼓励银行机构、非银行支付机构不断创新，拓展跨境支付业务，探索数字贸易出口信保新模式，加快实施数字人民币试点。在自贸区范围内探索跨境服务贸易负面清单，建立数字贸易多元化人才培养和引进机制。对标 DEPA、CPTPP 推动探索数字贸易领域规则标准。提升数据安全治理能力，建立数字贸易纠纷解决机制，完善数字贸易统计监测制度。

后　记

　　《数字贸易发展与合作报告（2022—2023年）》是在国务院发展研究中心隆国强副主任指导下，由国务院发展研究中心对外经济研究部与中国信息通信研究院联合编著而成。国务院发展研究中心对外经济研究部由张琦部长任负责人，罗雨泽副部长为协调人，陈红娜、刘铁志、吕刚、高庆鹏等参与编写。中国信息通信研究院由余晓晖院长和王志勤副院长任负责人，政策与经济研究所辛勇飞所长为协调人，张春飞、石立娜、岳云嵩、李雅文、朱雪婷、马兰、杨佳茵等参与编写。

　　学术研讨部分，我们邀请部分研究人员就数字贸易发展中近期各方关注较多的四个问题进行了研究探索，并将成果纳入该报告，作为供研究讨论的基础。其中，《数字产品非歧视待遇》由中国信息通信研究院政策与经济研究所马兰工程师供稿；《数字经济规则国际比较》由上海社会科学院世界经济研究所沈玉良研究员等供稿；《全球数字治理的制度困境与发展趋势》由中国浦东干部学院王丹副教授供稿；《数字贸易统计测度思路和方向》由中国信息通信研究院政策与经济研究所岳云嵩高级工程师等供稿。

　　地区探索部分，我们选取积极开展数字贸易开放探索且较具发展特色的部分省、市，提供各自的发展政策与实践成效，分享发展经验，分别由北京市商务局、上海市商务委、浙江省商务厅供稿。

　　我们对为此报告编写、校对、出版等付出辛勤努力的所有专家和工作人员表示诚挚的感谢！